Three Discourses on the Basic Christian Truth

by

Seung-Goo Lee

Verbum Dei Minister

Namsong Professor of Divinity

Hapdong Theological Seminary

ⓒ Seung-Goo Lee, 2025

2025

The Word of God and the Covenant

⟨말씀과 언약 소책자 시리즈 5⟩   변증 목회 시리즈 3

기독교의 기본 진리 3강의

이승구

남송 신학 석좌 교수
합동신학대학원 대학교

2025
도서출판 말씀과 언약

기독교의 기본 진리 3강의

출판일 · 2025년 3월 3일
지은이 · 이승구
펴낸이 · 김현숙
편집인 · 윤효배
펴낸곳 · 도서출판 말씀과 **언약**
　　　　서울시 서초구 명달로15길 11 402호
　　　　T_010-8883-0516
디자인 · Yoon & Lee Design

ISBN : 979-11-987009-7-1 03230

가격 : 7,000원

*잘못된 책은 교환하여 드립니다.

차 례

들어가는 말_7

제 1 강　구속과 구원_9

제 2 강　죄와 타락의 참상_45

제 3 강　창조와 그 의미_79

저자 소개_121

들어가는 말

기독교의 기본진리에 대한 이 세 편의 설교가 기독교적 믿음이 과연 어떤 것인지를 정립하는 일에 도움이 되었으면 합니다. 성도들이 이 세 편의 설교를 읽고서 기독교가 믿는 바가 무엇인지를 바르고 정확하게 알 수 있게 된다면 이 책이 출간된 소정의 목적이 이루어지는 것입니다. 더구나 혹시 아직도 믿지 않는 분들이 이 책을 읽고서 성경이 말하는 기독교 신앙을 가지게 된다면 그것은 이 세상의 그 어떤 것보다 더 큰 기쁨을 저에게 주게 될 것입니다. 그런 의미에서 이 책을 좋은 전도용 책자요, 한국 교회가 한국 사회에 전하는 전도지입니다.

이 세 편의 설교는 2024년 9월 25일(수)부터 27일(금)에 부천에 있는 부천사랑교회(표경운 목사님 시무)의 〈2024년 가을 사경회〉에서 전한 말씀을 그대로 풀어 놓은 것입니다. 이렇게 구체적인 한 교회 성도들이 사경회 시간에 들었던 말씀이 한국의 모든 그리스도인들에게, 그리고 아직도 믿지 않는 분들에게 필요한 말씀이라는 생각에서 언약교회의 남정혜 선생께서 일일이 풀어 주신 것을 토대로 하여 이 책이 우리에게 주어졌습니다. 사경회(査經會)를 하여 성도들로 이 말씀을 듣도록 하신 귀한 부천사랑교회와 담임 목사님이신 표경운 목사님, 그리고 이 강설 내용을 일일이 풀어 주신 남정혜 선생님과 배후에서 이 모든 것을 가능하게 하시는 분께 깊은 감사를 표합니다. 또한 이 말씀을 듣고 성도의 삶이 "삼위일체 하나님과 함께하는 삶"이라는 것을 절실히 생각하였다고 하면서 반응해 주셨던 부천사랑교회의 귀한 장로님을 기억하면서 장로님께 감사드립니다.

이 책의 내용이 2024년에 출간되기 시작된 〈변증 목회 시리즈〉의 속할 수 있다고 생각되어 변증 목회 시리즈의 3번째 권으로 (변증 목회 시리즈의 2번째 책은 곧 나오게 될 것입니다), 그리고 말씀과 언약 소책자 시리즈 5번째 책으로 냅니다.

부디 이 책도 주께서 의미 있게 사용하여 주시기를 하늘을 우러러 간절히 기도[仰祈]합니다.

2025년 1월 28일 구정을 앞두고

제1강

구속과 구원

기독교가 믿는 가장 기본적인 도리를 생각하는 그 출발점으로 우리는 '주께서 우리를 구속하셨다.'라는 말에 담긴 놀라운 일에 대해 생각해 보아야 합니다.

2000년 전에 객관적으로 일어난 구속
(redemption, atonement)

우리는 대개는 '구속'이라는 말과 '구원'이라는 말을 부정확하게 같은 의미로 사용하는 일이 있습니다. 하지만 엄밀히 말하면 '구속하셨다.'라는 것은 그리스도께서 십자가에서 죽으신 것과 부활하신 것에서 이루어진 일입니다. 그러므로 구속은 우리들의 입장에서 보면 2,000년 전에 이루어진 일입니다. 그러니 구속은 지금 여기에 있는 우리로부터 상당한 시간적 거리를 가지고 떨어져 있는 일입니다. 마치 예수님께서 십자가에 못 박혀 죽으신 일과 조금 뒤에 부활하신 일 사이에 3일이라는 시간적 거리가 있었던 것처럼, 우리와 십자가 사건과 부활 사건 사이에도 시간적 거리가 존재합니다. 예수님께서 죽으신 뒤에 곧바로 부활하신 것이 아니라, 3일 후에 살아나셨습니다. 3일 동안 예수님의 인성은 참으로 죽은 상태에 있었습니다. 그때 우리는 한 사람도 그곳에 존재하지 않았습니다. 그럼에도 놀라운 것은 우리의 구속, 우리뿐만 아니라 앞으로 예수님을 믿을 모든 사람들의 구속이 이미 그때 일어났다는 것입니다. 이것은 우리가 생각할 수도 없던 일이며, 성경이 이러한 이야기를 하지 않았다면 우리가 알 길도 없는 일입니다.

성령님께서 우리에게 적용시키신 구속인 구원

십자가에서 구속이 일어났을 때 우리는 그곳에 있지 않았는데 어떻게 예수 그리스도의 십자가와 부활과 우리가 연결됩니까? 성령님께서 연결시키십니다. 성령님께서 이 일을 행하시는 것입니다. 예수님께서 우리 죄를 지시고 죽으셨고, 또 부활하셨습니다. 이 일에도 성령님께서 작용하셨고, 성부 하나님께서도 관여하셨습니다. 그런데 우리를 이 그리스도의 십자가와 부활 사건에 연결해 주는 일은 특히 성령님께서 하십니다. 구속과 우리를 연결시켜 주시는 성령님의 사역을 우리는 '영적인 사건'이라고 표현합니다.

그렇다면 우리가 예수 그리스도의 십자가와 부활 사건과 연결되는 때는 언제일까요? 이는 참 신비한 일인데, 주관적으로 말하자면, 우리가 예수님을 처음으로 '진짜로 믿습니다'라고 이야기하기 얼마 전입니다. 성령님께서 나와 십자가, 나와 예수님의 부활을 연결해 주셔야만 내가 참으로 '예수님을 믿습니다'고 고백하게 됩니다. 그저 교회 공동체에 속해 있으니까 그렇게 말하는 것이 아니라, 진실로 마음속에서 '나는 예수님과 함께 십자가에서 죽었고 예수님께서 다시 일어났을 때 나도 같이 일어났다.'는 생각을 처음으로 하게 되는 그때, 더 정확히 말하면 그 얼마 전에 성령님께서 우리를 십자가, 부활 사건과 연결해 주신 것입니다. 놀랍게도 그렇게 되었을 때, 우리는 "구원을 받았다."고 말할 수 있게 됩니다. 이처럼 내가 구원을 받는 일은 나와 십자가가 연결되어야 가능합니다. 또한 내가 그리스도의 부활과 연결되어야 합니다. 이것이 성령님께서 하시는 일입니다.

이렇게 그리스도의 십자가와 부활과 연관하여 구원받은 사람들은 월요일에서부터 토요일까지의 삶, 더 나아가 우리가 예수님을 믿은 다음부터 우리들의 삶 전체를 십자가와 부활과 연관지어 살아갑니다. 만일 우리 가운데서 아직 예수 그리스도를 참으로 믿지 않으시는 분들이 있다면, 오늘부터라도 참으로 예수님을 믿으셔야만 합니다. 이것은 내가 십자가와 부활과 연결되는 것입니다. 내가 십자가와 부활과 연결해서 구속이 이루어지는 것이 아니라, 구속은 이미 예수님께서 2,000년 전에 죽으셨을 때 일어난 정말 놀라운 일입니다. 그렇게 이미 이루어진 구속(redemption accomplished)과 우리를 연결하는 것이 성령님께서 구속을 우리에게 적용시키시는(redemption applied) 것이고, 이 과정 전체를 우리는 '구원'이라고 합니다. 사람들이 이 사실을 느끼고 말하기 얼마 전에 구원을 받습니다. 그리고 그렇게 구원된 사람은 계속해서 이 사건과 연관하여 살아갑니다. 따라서 우리는 매일 매일 구원받으며 살아가고 있다고도 말할 수 있습니다. 그러다가 우리 주 예수 그리스도께서 다시 오실 때 우리를 구원의 극치(極致)에 이르게 하신다고 말할 수 있습니다.

구원의 토대: 십자가에서 일어난 구속 사건

구원에 대하여 말하려면 먼저 그리스도의 십자가와 부활 사건에서 놀라운 구속이 일어났다는 것을 분명히 할 필요가 있습니다. 만일 예수님께서 십자가에 달려 돌아가지 않으시고, 부활하지 않으셨다면 우리는 이것과 연결될 근거 자체가 없어집니다. 따라서 우리의 출발점은 이 세상 역사 가운데에서 예루살렘 영문 밖에서 예수님께서 십자가에 달려 돌아가시고 3일 후에 살아나신 이 놀라운 사건입니다. 그때 사람 중에서 아무도 '예수님께서 우리의 죄를 위해 죽으셨다.'고 생각하지 않았습니다. 십자가 사건이 일어날 때 남자 제자들은 거의 다 도망갔고, 예수님의 어머니인 마리아를 비롯한 몇몇 여자 제자들이 그 십자가 밑에 있었습니다. 그녀들이 눈물을 펑펑 흘리며 있었을 것입니다. 그런데 그중 단 한 사람도 '주께서 나를 위해서 저렇게 피를 흘려 주시고, 그래서 내 죄를 사해 주시니 감사하다.'고 생각하는 사람은 없었습니다.

그렇다면 그들은 그때 왜 눈물을 흘렸을까요? '우리는 끝이다.', '우리 주님은 죽었다.', '우리한테는 희망이 없다.'라고 느꼈기 때문입니다.

엠마오 마을로 가던 두 제자

이것을 어떻게 알 수 있을까요? 십자가 사건이 일어난 지 며칠 뒤에 엠마오(Emmaus)라는 마을로 가는 제자들의 이야기로부터 우리는 이것을 잘 알 수 있습니다. 부활하신 예수님께서 그들과 같이 가면서 그들이 하는 말을 들으셨습니다. 예수님께서 그 사람들에게 묻습니다. "무슨 이야기를 그렇게 합니까?"(눅 24:17) 그랬더니 엠마오 마을로 가는 두 사람이 슬픈 빛을 띠고 머물러 그분을 쳐다보면서, "최근에 예루살렘에서 일어난 일인데, 모든 사람들이 다 아는 일을 당신은 모르시오?"라며 반문합니다(18절). 이것은 정말 반어적인 상황(ironical situation)입니다. 이 사건은 예수님과 관련된 것이고, 예수님께서 죽으셨다는 것이지요? 그 당사자인 예수님, 그런데 부활하신 예수님께서 그들 옆에서 같이 말씀을 나누십니다. 그런데 그 사람들은 이것을 모릅니다. 바로 이러한 상황을 문학적으로 '아이러니하다.'고 표현합니다. 예수님에 대한 이야기를 하면서 예수님과 함께 가고 있는데 정작 본인들은 그런 상황임을 모르고 있는 것입니다. 이런 상황을 아이러니(irony)한 상황이라고 합니다. 이 상황 속에서 그 사람들은 덧붙여 이야기합니다. "그 돌아가신 분은 말과 일에 능한 선지자여서 우리는 이분이 우리를 구속할 분이라고 생각했는데, 사람들이 그를 십자가에 못 박아서 죽였습니다(19-20절).""우리는 이 사람이 이스라엘을 속량할 자라고 바랐었는데"(21절), 그런데 이제 말하자면 "우리는 다 끝났습니다."라는 것입니다. 이 사람들은 예수님께서 부활하신다는 것을 전혀 기대하고 있지 않았습니다. 성경에 의하면 그들은 예수의 제자들 가운데 두 사람입니다(눅 24:13). 예수님 이야기를 한 번도 듣지 않았던 사람이 아니라, 바로 예수의 제자라고 하는 사람들입니다. 그중 하나의 이름이 글로바라고 했으니(눅 24:18) 이들은 아마도 열두 제자들 중에 속한 것은 아니고, 예수님의 말을 존중하는 사람들 중의 두 사람이었을 것입니다. 그런 사람들도 '예수님이 죽었다.', '모든 것이 끝났다.', '희망은 없다.'고 생각했습니다. 그들은 예수님께서 십자가에서 죽으셨을 때, 그리고 다시 살아나셨을 때 구속이 일어났다는 것은 상상하지도 않았습니다. 그러나 후에 성령님께서 그 한 사람 한 사람을 예수님의 십자가와 부활과 연결해 주셨습니다. 예수님께서 죽으셨을 때 '모든 것이 끝났다.', '예수와 함께 하려고 하던 일이 아무 의미도 없는 일이 되어 버렸다.'라고 생각하고 있는데 성령님께서 그들을 십자가와 부활 사건과 연결해 주셨습니다.

그리스도와 함께 죽고 그리스도와 함께 살아난 사람들

그와 똑같이 우리들도 아주 적절한 순간에 성령님께서 십자가와 부활 사건과 연결해 주셨습니다. 이것은 매우 놀라운 일입니다. 그래서 예수님을 믿는 사람들이 '나는 그리스도와 함께 죽었다.'고 생각합니다. 그러나 이것은 물리적인 죽음이 아닙니다. 예수님께서 십자가에 못 박혀 돌아가셨을 때 여러분은 이 세상에 존재하지도 않았습니다. 그러니 어떻게 물리적으로 죽는다는 말입니까? 바로 성령님께서 우리를 십자가 사건과 연결하여 주셨기에 "나는 그리스도와 함께 죽었다"고 말할 수 있습니다. 바울이 하는 다음 같은 말을 잘 들어 보십시오.

> **내가 그리스도와 함께 십자가에 못 박혔나니,**
> **그런즉 이제는 내가 사는 것이 아니요,**
> **오직 내 안에 그리스도께서 사시는 것이라.**
> **이제 내가 육체 가운데 사는 것을**
> **나를 사랑하사 나를 위하여 자기 자신을 버리신**
> **하나님의 아들을 믿는 믿음 안에서 사는 것이라.**
> (갈라디아서 2:20)

사도 바울이기 때문에 그렇게 말할 수 있다고 치부해서는 안 됩니다. 사실 바울은 처음에는 예수님을 안 믿는 사람이었습니다. 예수님께서 십자가에 못 박히셨을 때 바울은 예수님께서 십자가에 못 박혀 죽으시는 것을 못 봤을 수도 있습니다. 그럼에도 바울은 후에 깨닫고 난 다음에는 "내가 그리스도와 함께 죽었다. 그리고 그리스도와 함께 살아났다."고 말합니다. 이 점을 분명히 해야 예수님을 믿는 것입니다.

우리가 이러한 믿음을 분명히 가지고 있을 때 우리는 구원을 받았다고 할 수 있습니다. 그리고 구원함을 받은 사람들은 내가 구원을 받았다는 것으로만 끝나는 것이 아니라, 계속 구원받으며 살아갑니다. 우리는 죽을 때까지 구원받는 것입니다. 그리고 그 구원의 극치는 최종적으로 우리 예수님께서 우리에게 다시 오실 때 일어납니다.

구원과 관련된 요점들

여기에 구원에 관하여 중요한 점들이 있습니다. 그 출발점은 예수님께서 이 세상에서 죽고 살아나신 일입니다. 예수님께서 십자가에 못 박히셨을 때 '우리를 위해서 피 흘려주시니 우리의 구원이 이루어졌다'라고 생각하는 사람은 아무도 없었습니다. 나중에 성령님께서 1세기에 예수님을 믿는 사람들뿐만 아니라 지금 믿는 우리도 모두 다 이 십자가와 부활 사건과 연결해 주셨기 때문에 우리는 영적으로 죽은 사람들이고, 또 영적으로 다시 살아난 사람입니다. 그러한 우리는 이제 어떻게 살아야 합니까? 매일 매일 예수 그리스도의 부활 생명이 내 안에서 약동해야 합니다. 이것이 예수님을 믿는 사람의 모습입니다. 자신이 예수님을 믿고는 있으나 예수님의 부활 생명이 자신의 안에 있는 것은 아니라고 말하면 안 됩니다. 이것은 여러분이 느끼는 것과 상관이 없습니다.

내가 기분이 좋을 때는 주님이 내 안에 있는 것 같고, 내일 수술을 앞두고 있을 때 그 가족들이 마음을 정말 주님을 의존해야 함에도 불구하고 걱정만 하고 주님을 의존하지 않는다면 예수 그리스도의 부활의 생명이 우리 안에 약동하고 있다고 말할 수 없습니다. 예수님을 참으로 믿는 우리는 항상 예수님의 부활 생명이 내 안에 있다고 생각하며, 그렇게 살아야 합니다.

여러분이 예수를 믿는다면 한순간이라도 주님이 나와 함께 계신다는 것을 느껴본 일이 있을 것입니다. 혹시 한 번도 없으십니까? 만약에 있으시다면 그때는 언제입니까? 소위 우리가 "은혜 받았다."고 하는 때입니다. 그때 우리는 기쁩니다. 그런데 자신이 기쁠 때에는 주님이 내 안에 계셨다가 세상에서 어려운 일을 만났을 때는 주님이 멀리 있는 것처럼 느끼십니까? 그러나 이것은 여러분의 느낌일 뿐입니다. 주님은 정말 멀리 있는 것이 아니라 참으로 믿는 사람에게는 영적으로 우리 안에 계십니다.

참으로 믿는 우리 안에 계시는 성령님

참으로 믿는 사람들의 경우에는 "성령님께서 우리 안에 계신다"고 성경이 늘 이야기합니다. 그러니 우리가 참으로 믿는다면, 우리는 또한 성경이 약속한 대로 성령님이 우리 안에 계신다는 것도 믿어야 합니다. 예수님을 믿는 사람들은 성경을 통해 배웠기에 이것을 믿습니다. 많은 분들이 완전히는 아닐지라도 이것에 대해서 조금은 믿습니다. 그래서 가끔이라도 성령님께서 내 안에 계시다고 느낍니다. 새로운 신자가 "목사님, 제가 이번 주간을 살면서 성령님께서 제 안에 계심을 딱 한 번 느꼈습니다."라고 말씀한다면, 우리는 정말 박수치면서 환영합니다. 그분이 새 신자이기 때문이지요. 그런데 여러분과 같은 성숙한 신앙인이 "목사님 제가 성령님께서 제 안에 계심을 이번 주에 딱 한 번 느꼈습니다."라고 말씀하면 목사님께서 걱정하실 것입니다.

우리는 성령님께서 나와 함께 계심을 늘 느끼다가도 가끔 이것을 잊기도 합니다. 이것은 좋은 상황은 아니지만, 도 괜찮습니다. 적어도 주로는 성령님께서 내 안에 계심을 느끼기 때문입니다.

또 누가 함께 하시는가?

성령님께서 내 안에 계심을 느끼는 사람은 또 누가 내 안에 계심을 느껴야 합니까? 마태복음 맨 마지막 부분을 보십시오.

내가 너희에게 분부한 모든 것을 가르쳐 지키게 하라.
볼지어다. 내가 세상 끝날까지 너희와 항상 함께 있으리라

하시니라. (마태복음 28:20)

이처럼 "볼지어다. 세상 끝날까지 내가 너희와 항상 함께 있으리라."라고 우리 주님께서 우리에게 말씀하셨습니다. 주님께서 하신 말씀이니 이것은 아주 분명한 말입니다. 이 세상 아무에게나 내가 너와 함께 있을 것이라고 말한 것이 아닙니다. 바로 이 세상에서 예수 그리스도를 참으로 믿는 사람들, 바로 우리들과 함께 계시겠다는 말입니다. 내 마음이 어려워 죽을 것 같은 상황 속에 있을 때에도 예수님께서는 우리와 함께 계십니다. 그것을 믿어야 합니다. 내가 기분 좋을 때만 주님이 함께하시는 것이 아닙니다. 마치 시편의 표현처럼 "하나님이 왜 멀리 계셔서 내 목소리를 듣지 아니하십니까?"라고 말할 때에도 예수님께서는 어디에 계십니까? 하늘에 계신 그 예수님께서 동시에 우리와도 함께 계십니다. 이것을 믿어야 합니다. 그리고 "주께서 함께 하시네."라고 찬송해야 합니다.

우리가 위에서 본 바와 같이 예수님께서 "볼지어다. 내가 세상 끝날까지" 너희, 즉 예수님을 참으로 믿는 사람과 "항상 함께 있다."고 말씀하셨습니다. 이것을 믿으셔야 합니다. 내가 기분 좋을 때도 주님은 함께 계시고, 내가 기분이 나쁘고 죽을 것 같아서 주님이 멀리 있다고 느낄 때에도 주님은 내 안에 계십니다. 그러므로 성경이 말하는 대로 주님께서 내 안에 계심을 믿어야 합니다. 내가 주님을 못 느끼고 있는 그때에도 그래야만 합니다.

제1강 구속과 구원

세상 끝날까지 내가 너희와 항상 함께 있으리라."고 하신 이 약속은 굉장한 것입니다. 예수님의 제자들은, 예수님과 기껏해야 3년을 함께 했습니다. 그 기간을 예수님의 공생애라고 하지요. 그리고 예수님께서 죽으시고 부활하셔서 하늘로 올라가셨습니다. 더 이상 제자들과 함께 있지 못하게 된 것입니다. 그런데 그때 예수님께서 승천하시어 물리적으로 떠나가지만 그럼에도 "내가 세상 끝날까지 너희와 함께 있으리라."라고 하십니다. 그러므로 성령님께서 우리 안에 있을 때 누구도 함께 있습니까? 예수님께서도 같이 계시는 것입니다.

성부 하나님은?

그리고 그때 성부 하나님께서는 어떠실까요? 역시 우리 안에 같이 계십니다. 그런데 상당히 많은 사람들이 성부 하나님께서는 오직 저 하늘에 계셔야 한다고 생각합니다. 성부 하나님은 많은 분들에게 있어서 '가까이하기에는 너무 먼 당신'으로 생각되고 있습니다. 재미있는 예로, 갑자기 시부모님께서 오신다고 하면 청소하고 난리가 나는 것처럼, 좋은 일이지만 부담스러운 일들이 있습니다. 그와 비슷하게 성부 하나님에 대해서는 부담스러워하면서 '하나님께서는 우리 집에 오지 마시고요, 우리가 예배당에 갈테니 그냥 계세요. 우리가 가끔 와서 이렇게 예배하겠습니다.'고 생각합니다. 심지어 그렇게 말하기도 합니다. 그러나 그러면 안 됩니다.

성령님께서는 정말 함께하신다고 했습니다. 성자께서도 약속하셨으니 우리는 성자 예수님께서 정말 함께하신다고 하신 약속을 믿어야 합니다. 이렇게 성령님께서 우리와 함께 계시고, 성자 하나님께서 계시면 누구도 함께 계십니까? 성부 하나님께서도 함께 계시는 것입니다.

삼위일체 하나님과 함께하는 그리스도인의 삶

그러니 예수님을 참으로 믿는 우리는 날마다 누구와 함께 사는 것입니까? 성부, 성자, 성령 삼위일체 하나님과 같이 사는 것입니다. 그것이 구속함을 받은 사람의 삶입니다. 예수님의 십자가와 부활 사건 때문에 평범한 우리가 이 세상에서 성부, 성자, 성령 삼위일체 하나님과 같이 살 수 있게 되었다는 것은 매우 놀라운 일입니다. 너무 감사해서 잠자다가도 일어나 주님을 찬양해야 하는 참으로 놀라운 일입니다. 그런데 우리는 대개 이것에 대해서 별로 감사하지 않습니다. 우리가 누군가와 같이 사는데 그것이 삼위일체 하나님이라는 것은 정말 놀라운 일입니다. 목사님, 장로님만이 아니라 예수님을 믿는 모든 그리스도인들은 다 삼위일체 하나님과 같이 사는 것이고 그것이 구속함을 받은 사람의 삶입니다. 이것은 놀라운 삶입니다. 주님과 함께 사는 것은 생각할수록 감사한 일이며, 이것은 참으로 '근원적인 감사의 사건'입니다.

우리들 가운데 믿지 않는 사람, 즉 주께서 구속해 주지 않고 은혜를 주지 않은 사람들은 삼위일체 하나님과 같이 살지 않습니다. 이때 그 사람들 안의 '속 사람'은 날마다 새로워지는 것이 아닙니다. 반면에 우리는 삼위일체 하나님과 같이 살고 있습니다. 이것을 잊지 않아야 합니다.

한 가지 질문을 드리겠습니다. 우리 안에는 옛사람과 새 사람이 같이 있으니 날마다 옛사람을 벗어 버리고 새 사람을 입어야 합니까? 아닙니다. 우리 말 성경 번역에 문제가 있는 경우가 있습니다. 에베소서를 보면 "옛사람을 벗어 버리고 새 사람을 입으라."라고 되어 있습니다(엡 4:24). 그러나 이는 에베소(Ephesus) 성도들에게 하는 말입니다. 이것은 넓게 보면 우리에게 하는 말이기도 합니다. 이를 오해해서 '우리가 옛사람을 벗어 버리고 새 사람을 입어야 하는구나.'라고 착각할 수 있습니다. 그러나 그것이 아닙니다. 이 부분을 정확히 번역하면, "우리는 옛사람을 벗어 버리고 새사람을 입었다고 가르침을 받았느니라."라고 해야 합니다.[1]

우리는 이미 옛사람을 벗어 버린 사람들입니다. 예수님을 참으로 믿는 사람들은 이미 새 사람입니다. 새 사람으로 우리들은 성부, 성자, 성령 삼위일체 하나님과 정말

---

[1] 이 문제에 대한 자세한 논의로 이승구, 『전환기의 개혁신학』 (서울: 말씀과 언약, 2024), 25를 보라.

깊이 있는 교제를 계속해 나가야 합니다.

삼위일체 하나님과 같이 사는 삶의 특성

다음과 같은 상황을 가정해 봅시다. 우리가 예배를 마치고 집으로 가는데, 날은 무덥고 가는 길에 좀 짜증나게 하는 일들이 있었습니다. 그리고 집 안으로 들어가는데 조금 더 짜증 나는 사건들이 이어졌습니다. 그래서 화를 내야 하는 상황이 되었다고 해봅시다. 이런 상황에서 우리는 어떻게 합니까? "성령님, 예수님, 삼위일체 하나님! 잠깐 눈 감고 계세요. 제가 화를 한 번만 내겠습니다." 그렇게 하나요? 아니지요? 우리는 그 순간에 이 모든 것들을 다 잊어버립니다. 우리는 성부, 성자, 성령, 삼위일체 하나님과 함께 살고 있습니다. 성부, 성자, 성령 삼위일체 하나님께서는 여기에만 계시지 않습니다. 여러분이 집으로 가실 때 그 차 안에도 지하철 안에도 함께 계십니다. 그리고 여러분의 집 안에서도 성부, 성자, 성령과 함께 계시는 것입니다. 앞에서 말한 것과 같이 화를 내는 상황이라면, 누구 앞에서 화를 내는 것입니까? 성부, 성자, 성령 삼위일체 앞에서 화를 내는 것입니다.

옛날에는 형제들끼리 싸우다가도 부모님이 나타나면 안 싸운 척합니다. 요즘 아이들은 어떨까요? 부모님이 나타나도 그냥 싸우기도 합니다. 그 모습을 보면서 "요즘 애들은 어떻게 된 거냐?"라고 하면서 야단을 치기도 합니다. 그런데 정작 우리는 어떻습니까? 삼위일체 하나님 앞에서 화를 막 냅니다. 그래서 어떤 사람들은 우리가 삼위일체 하나님과 같이 사는 것이 아닌 것처럼 말하기도 합니다. 느낄 수도 없으니, 그냥 하나님은 예배당에 계시고 저희가 주일날 오전, 오후에 예배드리고, 수요일 날 기도회하고 금요일에 기도회할 때만 하나님께 와서 인사드린다고 합니다.

그러나 우리는 하나님의 말씀대로 제대로 생각해야 합니다. 우리는 우리 삶 가운데에서 정말 놀라운 경험을 한 것입니다. 죄인인 우리를 구원하셔서 하나님 당신님과 함께 살게 하셨으니, 이 얼마나 좋은 일입니까? 그래서 무슨 일이 있을 때마다 주님과 함께 이야기해야 합니다. 기도하는 것을 어려워해서는 안 됩니다. 배우자가 이야기를 잘 안 한다고 화내면서 정작 우리는 하나님께 아무 이야기도 안 한다면 안 되겠지요? 배우자는 우리의 이야기를 잘 안 들어줄 수 있어도 하나님께서는 우리의 이야기를 잘 들어 주십니다. 하나님께 하고 싶은 이야기를 다 해야 합니다. 여러분 집에 아무도 없을 때는 소리를 내서 하나님과 이야기해도 됩니다. 단, 안 믿는 사람들이 곁에 있을 때는 소리 내서 하지 마십시오. 그럴 때는 속으로만 하시기 바랍니다. 왜냐하면 우리가 아무도 없는데 혼자서 이야기하면 안 믿는 사람들이 오해할 수 있기 때문입니다. 우리를 정신 나간 사람 취급하고 예수를 믿으면 저렇게 되는 것이라고 오해할 수 있습니다.

특정 상황에서 우리가 주님께 '이 문제는 어떻게 해야 할까요?'라고 했을 때, 주님께서는 우리에게 들리는 음성으로 어떠한 대답을 들려주시지는 않습니다. 이런 상황에서 어떤 소리가 들렸다고 하면 안 됩니다. 성경을 공부하면서 주님의 뜻을 분별하는 것입니다. 우리가 성경을 공부하는 일을 도와주시러 파송 나와 있는 분들이 목사님들입니다. 목사님들께서 여러분에게 성경을 잘 가르쳐 주어서 그 결과로 '이렇게 하는 것이 주님의 뜻이구나.'라고 생각하게 합니다. 특정 상황에서 갈등 중이라면, 이렇게 해보십시오. '지금까지 생각한 것에 의하면 이것이 주님의 뜻에 부합하는 것 같은데 이렇게 할까요?'라고 속으로 말하는 것입니다. 바로 이것이 '기도'입니다.

우리가 기도할 때는 두 가지의 기도가 있어야 합니다. 아침에 일어났을 때 의식이 돌아오잖아요. 사실 의식이 깨어 있기 전부터 우리는 주님 안에 있는 것입니다. 내가 의식할 때만 주님 안에 있는 것은 아닙니다. 기도는 내가 하나님 앞에 이야기를 시작하는 그때부터 시작됩니다. 그래서 하루 종일 하나님과 하는 이야기가 계속되어야 합니다. 아플 때도 하나님과 이야기해야 하며, 자신이 잘하는 일을 할 때도 하나님과 이야기해야 합니다. 자신이 잘하는 것을 한다고 해서 간섭하지 말라는 태도를 보여서는 안 됩니다. 우리는 자신이 할 줄 모르는 일을 할 때는 '하나님 이거 어떻게 해야 할까요?'라고 묻지만, 자신이 잘하는 일을 할 때는 하나님을 찾지 않습니다. 이상한 일입니다. 우리는 자신이 잘하는 일을 할 때도, 또한 잘하지 못하는 일을 할 때도 하나님을 찾아야 합니다. 하나님께 의존하는 것입니다.

우리가 어떻게 사는 것이 하나님과 같이 사는 것입니까? 여러분들이 가족과 함께 살며 화목한 가정을 이루는 것이 의미가 있는데, 더 온전하게 되기 위해서는 아버지 하나님, 예수 그리스도, 성령과 함께 의논하며 살아가야 합니다. 우리는 하나님과 같이 사는 복된 삶을 사는 것입니다. 여기에서 더 나아가 가족이 모여서 하나님 앞에 예배합니다. 이것을 '가족 예배'라고 합니다. 만일 이것이 어렵다면 자기 자신이라도 해야 합니다. 시간은 상관없습니다. 단 5분이어도 됩니다. 이처럼 우리는 아침에 일어나서부터 끊임없이 주님과 이야기를 해야 합니다. 여러분이 잘하는 것을 할 때 또는 너무 바쁘다고 해서 하나님을 치우시면 안 됩니다. 바쁠 때 더 하나님께 부탁해야 합니다. 하나님과 함께 사는 삶 – 우리는 매일 매일을 그렇게 살아야 합니다.

우리는 살다가 죽습니다. 그렇다면 죽는다는 것에 대해 생각해 보겠습니다. 만약 우리가 교통사고가 나서 즉사했다고 가정합시다. 내 시체가 여기에 있고 피가 흥건하게 있습니다. 그 뒤 영혼이 빠져나와서 자신의 시체를 바라보고 있을까요? 아닙니다. 죽자마자 우리는 하나님께서 계신 곳인 "하늘"(heaven)에 있습니다.[2]

---

[2] 이에 대해서 좀 더 많은 논의를 하고 있는 이승구, 『죽음, 그리고 죽음 이후의 삶』 (서울: 말씀과 언약, 2023); 그리고 『성경적 신

장례가 있을 때 돌아가신 분들의 영혼이 장례식장 근처에 머물고 있는 것처럼 생각하면 안 됩니다. 돌아가신 분들이 예수님을 믿고 죽었다면 그 영혼은 하나님께서 계신 "하늘"(heaven)에 있습니다. 그것을 분명히 믿고 믿음으로 표현해야 합니다. 예수님을 믿는 사람들은 죽어서도 주님과 함께 기쁨을 누리고 있습니다. 이 세상에서 어려웠던 사람들도 말입니다. 혹시 죽음 전 마지막에 좀 아팠던 사람들도 그 아픔을 다 벗어 버리고 하늘의 지극한 희락(喜樂) 가운데 있습니다. 그래서 예수님을 믿는 사람이면 장례식장에서 정말 기뻐하면서 부활을 기대하며 기쁨의 찬양을 할 수 있습니다. 물론 안 믿는 사람이 있을 때도 조금 주의해야 합니다. 왜냐하면 돌아가셨는데 너무 기뻐하면 안 믿는 사람들이 우리들을 이상한 사람이라고 여길 수 있기 때문입니다.

얼마 전 저희 어머니께서 돌아가셨습니다. 아흔아홉의 연세로 권사님께서 돌아가셨습니다. 그리고 장례식에 오신 분들이 다 믿는 분들이었습니다. 장례식장에 가면 술 먹는 사람들이 좀 있습니다. 저희 어머님 장례에서는 아무도 술을 먹지 않아서 오신 분들이 다 믿는 분들임을 확인할 수 있었습니다. 우리는 맨 마지막 예배하고 찬양할 때 부활 찬양을 여러 장 불렀습니다. 기쁨으로 장례식을 치렀습니다. 이런 것이 믿는 사람들의 특성이라고 할 수 있습니다. 우리는 살아 있을 때는 삼위일체 하나님과 함께 있어서 좋

앙의 응답』(서울: 말씀과 언약, 2024), 5장을 보라.

고, 죽어서도 하늘에서 삼위일체 하나님과 함께 있을 수 있어 좋은 것입니다.

가끔 나이 드신 어르신들께서, 우리 어머니께서도 가끔 그랬습니다만 거짓말을 하십니다. "왜 하나님께서는 내가 이렇게 나이가 많은데 빨리 오라고 안 하시는지 모르겠다"고 말입니다. 하나님께서 살라고 하는 동안 우리는 열심히 살면 됩니다. 주께서 오라고 하시면 그 순간에 우리는 하늘에 있는 것입니다. 주님과 함께라면 우리는 살아도 좋고 죽어도 좋은 것입니다. 이것이 예수님을 믿는 사람의 자세입니다.

이 모든 일이 어떻게 가능하게 된 것입니까? 예수 그리스도의 십자가와 부활에 우리와 연결해 주신 성령님의 사역으로 말미암아 우리가 구원받았기 때문입니다.

> **그러므로 우리가 그의 죽으심과 합하여 세례를 받음으로 그와 함께 장사되었나니 이는 아버지의 영광으로 말미암아 그리스도를 죽은 자 가운데서 살리심과 같이 우리로 또한 새 생명 가운데서 행하게 하려 함이라(로마서 6:4).**

우리는 그리스도와 함께 이미 죽었다는 것을 생각해야 합니다. 로마서 6장에서 '우리는 장사 지낸 바 되었다.'라고 되어 있습니다. 서양 사람들은 장례식을 할 때 예쁘게 화장한 시신을 앞에 둡니다. 그리고 나서 한 사람씩 와서 마지막 인사를 하라고 합니다. 그러나 이미 죽은 사람은 거기

있지 않습니다. 다음과 같은 상황을 생각해 봅시다. 어떠한 사람이 너무 얄미워서 그 사람이 죽은 후에 뺨을 한번 꼬집었다고 생각해 봅시다. 그러면 그 사람이 아프다며 일어납니까? 안 일어납니다. 왜 그렇습니까? 이미 죽었기 때문이지요. 우리는 그리스도와 함께 이미 장사 지낸 바 된 것입니다. 여러분 이것을 정말 믿으십니까?

누가 나한테 서운한 말을 해도 장사 지낸 바 된 사람은 그것이 전혀 서운하지 않아야 합니다. 그저 '잘 몰라서 하는 말이겠지' 하고 넘어갈 수 있어야 합니다. 그런데 우리는 어떠합니까? 서운한 그 말에 대해 밤새도록 쓸데없는 묵상을 합니다. 주님의 말씀을, 율법을 주야로 묵상하는 자가 그리스도인입니다. 다른 것을 묵상해서는 안 됩니다. 남이 하는 섭섭한 말들을 묵상해서는 안 됩니다. 우리는 어떠한 사람입니까? 이미 장사 지낸 바 된 사람입니다. 그러므로 우리에게는 이 세상에서 말하는 '잘 나가는' 것이 목표가 아닙니다. 우리는 이 세상에 대해서 죽었기 때문입니다. 그렇다고 이 말이 열심히 살지 않아도 된다는 것은 아닙니다. 그리스도께서 우리 안에 계시기 때문에 우리는 주님의 뜻을 수행하기 위해 열심히 살아야 합니다. 안 믿을 때보다 더 열심히 살아야 합니다. 이 세상 사람들은 이 세상에서 잘 되는 것에 궁극적인 목표를 둡니다. 과거 동양 사람들이 입신양명(立身揚名)하는 것이 목표였던 것처럼 말입니다. 그래서 공부도 열심히 해야 했던 것입니다. 그런데 예수님을 믿는 사람들은 그런 것들 때문에 열심히 사는 것이 아닙니다. 우리는 주님과 함께 살기 때문에 하나님의 영광을 위해서 열심히 살아야 합니다. 열심히 살지 않는 것은 그리스도인답지 않은 것입니다. 구속받은 사람답지 않은 것입니다.

다른 말로 하면, 구속의 기쁨을 가진 삶

주님과 함께 사니 우리들은 즐겁게 살아야 합니다. 얼굴을 찡그리고 살면 안 됩니다. 안 믿는 사람들이 와서 즐겁게 사는 여러분의 모습을 보고 "아니 내가 볼 때 당신 사는 형편이 별로 좋지도 않은데 왜 이렇게 날마다 즐겁습니까?"라는 말을 할 수 있도록 해야 합니다.

여기 셰익스피어(William Shakespeare, 1564-1616)와 관련된 어떤 소년의 이야기가 있습니다. 이것이 진짜 이야기인지 누가 지어낸 이야기인지는 모르겠습니다. 셰익스피어가 살아 있을 때는 지금과 같이 그렇게 유명하지는 않았습니다. 생활이 풍족하지도 않았습니다. 그냥 연극의 극본을 쓰는 극작가로 살고 있었습니다. 지금은 셰익스피어가 너무나 유명한 사람이 되었고, 영국 사람들이 인도와도 셰익스피어를 바꾸지 않겠다고 할 정도로 유명한 사람이 되었습니다. 그런데 생전에는 유명하지 않은 극작가로 가끔 카페에 나가서 글도 쓰고 했습니다. 그런데 그 카페에서 일하던 소년 아이가 항상 즐거워하며 청소하는 일을 했습니다. 그래서 셰익스피어가 물었습니다. "애야, 너는 그다지 좋은 삶을 사는 것이 아닌 것 같은데 이 허드렛일을 하면서도 왜 그렇게 기쁘게 사니?" 그랬더니 그 아이가 "저는 하나님께서 창조하신 이 창조계의 한 부분을 깨끗하게 하고 있습니다."라고 대답했습니다. 이 아이는 마음속에 자신이 구속함을 받은 사람이라는 기쁨이 있던 것입니다. 우리도 구속함을 받은 사람이라는 의식을 가지고 열심히 살고, 기쁘게 살아야 합니다. 이것은 우리 안에 계신 주님을 증언할 수 있는 좋은 기회가 됩니다. 이 세상에서 모든 것이 잘 되어서 기뻐하는 것이 아닙니다. 구속함을 받은 우리에게는 근원적인 기쁨이 마음속에 있는 것입니다. 그래서 기쁨의 소식을 언제든지 전할 수 있는 것입니다.

이 세상에서 말도 안 되는 형태의 장례가 일어났다고 가정해 보겠습니다. 갑자기 자녀들이 죽는다든지 이러한 말도 안 되는 상황에 직면했다고 생각해 보겠습니다. 성도인 당사자가 "목사님, 도대체 하나님은 살아 계시는 것입니까? 아닙니까? 하나님께서 살아 계신다면 어떻게 이럴 수가 있습니까?" 이렇게 말하는 안타까운 장면에서 목사님께서는 어떻게 위로해야 할까요? 오히려 이런 때에 그 상황을 잘 아는 당사자가 "목사님께서 평소에 가르친 하나님의 말씀에 의하면, 그렇게 어려운 일이 아닙니다. 목사님 너무 슬퍼하지 마십시오"라고 말해야 합니다. 다른 사람은 이 모든 일이 하나님의 손 안에서 이루어진 일이니까 괜찮다고 말해서는 안 됩니다. 그것은 오직 믿는 당사자만이 할 수 있는 말입니다.

우리는 어떠한 삶을 살고 있습니까? 구속함을 받아서 기쁨의 삶을 살 뿐만 아니라 그러한 장례가 일어났다고 해도 죽은 사람이 하늘의 지극한 즐거움 가운데, 이 세상에서 즐겁다고 하는 것과는 비교도 안 되는 극한의 즐거움 가운데 있다고 증언해야 합니다. 하늘에 있는 그분도 우리 주 예수님께서 이 땅에 다시 오시기를 우리와 같이 기다리고 있습니다. 그래서 주님과 함께 다시 오실 것입니다. 그때는 돌아가신 분들이 나이가 많아 쪼그라든 몸이 아닌, 아주 멋있는 부활의 몸을 가지고 올 것입니다. 그래서 우리는 이 세상에서 사는 것도 좋은 것이고 죽은 다음에도 좋은 것입니다. 죽은 상황에서도 지극한 즐거움 가운데 있으며 그보다 더 영광스러운 일인 예수님과 함께 다시 올 일이 우리에게 있을 것입니다. 우리는 예수님과 함께 이미 살아난 새 사람입니다. 우리 속 사람은 날마다 새로워집니다. 겉 사람은 후패(朽敗)합니다. 그것을 다 느끼실 것입니다. 그러나 우리의 속 사람은 삼위일체 하나님과 함께 살기 때문에 날마다 새롭습니다. 그래서 우리는 기쁜 삶을 살아야 합니다. 잘못한 일이 있을 때에는 그것을 생각하고 하나님 앞에서 회개해야 합니다. 그리고 매일 기쁘게 찬송해야 합니다. 이것이 우리의 간증입니다. 매일 매일 기쁜 삶을 사는 것입니다. 그리고 이 모습을 안 믿는 사람들이 볼 수 있게 해야 합니다.

가끔 누군가가 여러분에게 어떻게 매일 그렇게 기쁠 수 있느냐고 물으면 우리 안에 있는 소망에 관한 이야기를 할 수 있어야 합니다. 그뿐만 아니라 주님과 함께 열심히 살아야 합니다. 70세가 넘도록 일하셨던 어떤 여자 권사님이 계십니다. 그분께서 가진 재산을 생각하면 70세까지 일하실 필요가 없습니다. 그냥 편하게 사시면 됩니다. 그런데 왜 70세까지 일을 하시느냐 물었더니 그렇게 해야 사람들의 일자리를 만들어 줄 수 있다고 하셨습니다. 다른 사람을 위해서 열심히 산 것입니다. 자신의 사업을 통해서 다른 사람에게 유익함을 주려고 한 것입니다. 같이 일하는 사람들에게 유익을 주고, 사업한 결과를 통해 좋은 일을 합니다. 열심히 사시는 것입니다. 주님과 함께 살기 때문에 열심히 사는 것입니다. 우리는 아무 일도 안 하고 사는 것을 목표로 하면 안 됩니다. 우리는 여러 가지 일을 열심히 하며 삽니다.

여러분이 예배당에 오시면 하실 일이 아주 많습니다. 우리는 전도도 할 수 있고, 기도도 할 수 있습니다. 맨 마지막에 끝까지 할 수 있는 일은 기도하는 일입니다. 우리는 삼위일체 하나님과 같이 살기 때문에 날마다 즐거운 것입니다. 또 날마다 감사한 것입니다.

우리들이 죽은 후에 잠시 있게 되는 하늘(heaven)

그러다가 주께서 우리를 부르시면 우리는 하늘에 있습니다. 그러다가 예수님께서 다시 오실 때 우리는 다시 온전히 새롭게 된 이 세상에 올 것입니다. 부활한 몸으로 새 하늘과 새 땅에 올 때 그때가 바로 구원의 극치(極致)입니다. 우리는 이미 구원받았고, 구원을 받아 가고 있습니다. 이미 구원을 받은 사람들이 구원받아 가고 있는 것입니다. 그리고 나중에 구원의 극치에 이른다는 것을 기억해야 합니다.

만일 내가 진짜로 죽는 상황이 왔다고 할 때, 주님 앞에서 "내가 주님과 함께 있다고 생각했는데 다 속았네요?"라고 말하겠습니까? 우리는 죽자마자 확신할 수 있습니다. 죽자마자 우리는 하나님께서 계신 그곳에 있습니다.

하나님께서 어디에 계십니까? 이것을 분명히 하기 위해서 마태복음에 있는 〈주께서 가르친 기도〉의 앞부분을 살펴보겠습니다. 우리가 매일 외우는 주께서 가르친 기도의 앞부분을 떠올려 보면, "하늘에 계신 우리 아버지"라고 하지요? 하나님께서 어디에 계십니까? "하늘"(heaven)에 계십니다.

하나님께서 계신 '하늘'은 눈에 보이는 저 하늘과 연결이 되어 있지만 꼭 그것은 아닙니다. 그렇다면 하늘을 한참 올라가면 있을까요? 조금 다릅니다. 하지만 또 연결되어 있기도 합니다. 어쩌면 눈에 보이는 저 하늘로 올라가되 아마 차원이 달라진 곳일지도 모릅니다.

예수님께서 승천하실 때를 생각해 봅시다. 사도행전 1장 8절 말씀을 보겠습니다.

오직 성령이 너희에게 임하시면 너희가 권능을 받고 예루살렘과 온 유대와 사마리아와 땅끝까지 이르러 내 증인이

되리라 하시니라. (사도행전 1:8)

이렇게 말씀하신 후에 예수님께서 하늘로 올라가시는 상황인데, 만일 여러분이 예수님의 직접 제자들이라면 이때 어떻게 행동했을까요? 아마 하늘을 쳐다보고 있었을 것입니다. 그런데 성경에 "나중에는 구름이 가려 저를 보이지 않게 하더라."라고 기록되어 있습니다. 구름이 가려서 안 보일 때까지 하늘을 쳐다보고 있었습니다. 그런데 놀라운 것은 성경에서 흰 옷을 입은 두 천사가 저들 곁에 서 있는 것입니다. 이것을 믿으셔야 합니다. 예수님께서 승천하시는 장면을 그려 놓은 그림들을 떠올려 보시기 바랍니다. 예수님께서 하늘로 승천하고 제자들이 밑에 있습니다. 예수님께서는 하늘로 올라가나요? 천사들은 어디에 그려져 있나요? 이 장면에서 천사들을 예수님 옆에 그려 놓은 그림이 많습니다.

그런데 성경은 무엇이라고 말하느냐 하면, 예수님께서 올라가실 때 "제자들은 하늘을 쳐다보고 있었는데 흰 옷 입은 두 사람이 저들 곁에 있다"고 합니다. '흰 옷 입은 두 사람'이라고 우리말 성경에 나와 있습니다. 그런데 그 두 사람이란 말을 정확하게 하면 두 남자, 두 젊은 남자가 저들 곁에 서서 말하기를 "왜 서서 하늘을 쳐다보고 있느냐. 너희 가운데서 하늘로 오르신 예수는 이대로 이 세상에 다시 오시리라."고 말합니다. 예수님께서 하늘로 올라가셨는데 다시 오실 것이라고 증언하는 자는 누구입니까? 바로

제1강 구속과 구원 ● 37

"흰 옷 입은 두 남자"입니다.

여기에서 우리는 몇 가지를 알 수 있습니다. 천사가 이 세상에 나타날 때 대개 어떠한 형태로 나타날 것 같습니까? 우리가 흔히 잘못 생각한 것이 천사는 여자의 모습을 하고 있다는 것입니다. 왜 여자의 모습을 하고 있다고 생각할까요? 주일학교에서 성탄절에 연극을 하게 되면 남자아이들은 주로 요셉의 역할을 합니다. 목자들도 남자아이들이 맡아야겠죠? 동박박사도 남자아이들이 하게 됩니다. 여자아이들이 맡을 배역이 별로 없습니다. 마리아와 천사들을 주로 여자아이들에게 맡기니까 천사는 이 세상에 올 때 여자처럼 생겼을 것이라는 아주 이상한 고정 관념이 생기게 되었습니다.

그런데 정작 성경은 어떻게 말하나요? "흰 옷 입은 두 남자"라고 하지요. (우리말 성경에는 '그냥 두 사람'이라고 된 말을) 영어 성경들도, 심지어 베트남어 성경이나 중국어 성경도 "흰 옷 입은 두 남자"라고 합니다. 두 남자가 나타났다고 하니 '그래, 천사는 남자구나.'라고 생각하면 안 됩니다. 그 천사가 일을 마치고 "하늘"로 올라가면 "하늘"에서는 남자의 모습을 하고 있을까요? 아니지요? 그러면 여자의 모습을 하고 있을까요? 모두 아닙니다. 천사는 '영(靈)'입니다. 영은 몸이 없습니다. 그래서 보이지 않습니다. 안 보이면 우리는 없다고 생각하지만, 아닙니다. 보이지 않는 것도 있습니다. 지금 여러분 곁에 이곳에도 천사가 있습니다. 그런데 한 번도 보지 못했지요? 이곳에 천사가 있고 보이지 않더라도 천사가 함께 있음을 알아야 합니다. 우리가 예배할 때 천사들도 같이 예배합니다. 천사의 원래 형태는 보이지 않는 것입니다.

나중에 "하늘"(heaven)에 올라가도 천사는 보이지 않습니다. 이런 것을 분명히 할 필요가 있습니다. '영'은 보이지 않습니다. 보이지 않는다고 존재하지 않는다는 것은 물질주의자들의 말입니다. 보이지 않아도 존재하는 것이 있습니다. 하나님께서 천사를 영으로 만들었는데 우리를 위해서 천사를 세상에 보내실 때 남자의 모습으로 보내셨던 것입니다.

또 다른 곳을 살펴봅시다. 소돔(Sodom)과 고모라(Gomorrah)에 두 천사가 갔다고 하는데, 그때 그 천사들은 어떤 형태로 나타났습니까? 아름다운 미소년의 모습으로 나타났습니다.[3]

그러니 천사가 이 세상에 나타날 때에는 어떠한 모습으로 나타납니까? 남자의 모습으로 나타납니다. 우리 머릿속에 잘못된 관념을 없애가야 합니다. 예수를 오래 믿을수록 성경을 더 많이 알아 가는 것이 필요한 이유입니다. 또 한편으로는 잘못된 생각을 없애는 작업을 계속할 필요가 있습니다. 우리는 목사님으로부터 설교를 들을 때 머릿속에 잘못된 것을 없애버리고 성경이 말하는 바른 관념이 우리 머릿속에 자리 잡도록 해야 합니다.

---

[3] 이에 대해서 이승구, 『광장의 신학』 (수원: 합신대학원 출판부, 2010), 62를 보라.

그 바른 관념 가운데에 제일 핵심적인 것이 무엇일까요? 예수님께서 이 세상에 오셔서 이룬 구속에 우리를 참여시킬 때 우리가 그리스도와 함께 죽었다는 점입니다. 우리의 '옛사람'은 죽었습니다. 그렇다면 지금 우리는 어떤 사람입니까? 바로 '새 사람'입니다. 예수를 처음 믿기 시작할 때 '내가 믿습니다.'라고 고백하기 바로 전에 새 사람이 되었으니, "내가 믿습니다"고 고백하게 됩니다. 그리스도와 함께 죽고 다시 살아난 '새 사람'이 되었다는 것입니다. 여기에 생각해 볼 점이 또 있습니다.

우리는 예수를 처음 믿을 때 물리적으로 죽었다고 할 수 있습니까? 아닙니다. 물리적으로는 죽지 않았습니다. 그런데 영적으로는 나의 옛사람이 죽었고 새 사람이 되었다는 것입니다. 여러분 중에는 예수를 믿은 지 몇십 년 되신 분들도 계십니다. 그렇다면 그런 분들은 '헌사람'일까요? 그렇지 않습니다. 우리는 예수님을 처음 믿었을 때에도 새 사람이고, 오랜 시간 그 믿음을 지속해 왔어도 새 사람입니다. 날로 새로운 사람이 되어 있습니다. 예수님께서 십자가에서 이루신, 부활에서 이루신 그 구속에 우리를 연결해 주셨고, 그 결과 우리는 새 사람이 되었습니다. 절대로 우리 안에 옛사람이 있듯이 생각해서는 안 됩니다. 우리는 성경대로 생각해야 합니다. 성경대로 생각하면 예수님을 믿는 우리는 새 사람이고, 예수님을 믿지 않는 사람은 옛사람입니다. 그리고 그런 옛사람은 오늘이라도 예수님을 참으로 믿어 새 사람이 되어야 합니다.

구속받은 우리기 영원히 사는 새 하늘과 새 땅

이렇게 새 사람이 된 구속 된 사람들은 영원히 어디서 어떻게 살까요? 캘리포니아 해변에서 서핑(surfing)하는 젊은이들을 볼 수 있습니다. 지금 대부분의 사람들은 무서워서 서핑을 못합니다. 근데 나중에 여러분이 새 하늘과 새 장에서 부활한 몸을 가지고 있을 때에는 죽지 않으니 두려움 없이 서핑을 할 수 있을 것입니다. 그때는 사고가 나서 몸이 마비가 되는 일도 없습니다. 그러니 두려움 없이 서핑도 할 것입니다. 그러나 그때는 놀기만 하는 것이 아니라 주를 위해서 매우 놀라운 일들을 할 것입니다. 주를 위해서 열심히 일하게 됩니다. 이것이 구원받은 사람들의 종국적 삶입니다.

나가면서 하는 전체 요약

그런데 이 모든 일의 토대가 무엇입니까? 예수 그리스도의 십자가와 부활이 없었더라면 이 이야기들이 전혀 성립되지 않습니다. 우리가 존재하기도 전에 예수님께서 이 세상에 오셔서 죽으셨습니다. 정말 흉악하게 죽으셨습니다. 그런데 아무도 그러리라고 생각하지 못했었는데, 그것이 우리를 구하는 유일한 수단이었습니다. 그리고 예수님의 부활

이 우리가 온전해지는 유일한 수단이 되었습니다. 구속은 언제 일어났습니까? 우리들에게는 2,000년 전에 일어났습니다. 2,000년 전에 예수님께서 죽었다는 말이 익숙합니다. 기원후 130년에 살던 사람들은 100년 전에 예수님은 죽으셨다고 이야기했을 것입니다. 우리에게 굉장히 낯선 표현이지요? 정말 놀라운 일이 이 세상의 역사 가운데에서 일어난 것입니다. 우리가 살고 있는 이 시공간 안에서 2,000년 전에 예수의 십자가 사건과 부활 사건이 일어났습니다.

이것이 토대가 되어 성령님께서 우리 각자 한 사람 한 사람을 이 놀라운 사건과 연결해 주셨습니다. 우리가 어떠한 사람이 되었습니까? 예수와 함께 죽고 예수와 함께 살아난 사람이 되었습니다. 그래서 여러분이 그렇게 찬송하는 것입니다. "구주와 함께 나 죽었으니 구주와 함께 나 살았도다." 왜 이렇게 찬송합니까? 그저 찬송가 가사가 그렇게 되어 있기 때문이라고 해서는 안 됩니다. 진정으로 나는 주님과 함께 살아가는 사람이라고 생각해야 합니다. 부활절에만 기념하는 것이 아니고 날마다 예수 그리스도의 부활 생명이 나를 움직여야 합니다. 내일 아침에 여러분이 일어났을 때도 예수 그리스도의 부활 생명으로 사는 것입니다. "주님 오늘도 주님의 부활 생명으로 살아갈 수 있게 하여 주시옵소서."라고 기도하면서 매일을 사는 것입니다. 이것이 예수 믿은 사람의 구속된 삶입니다.

만일 주님과 함께 죽고 살아나는 일이 아직도 나에

게 일어난 일이 아니라면, 오늘이라도 그 일이 여러분 안에서 일어나야 합니다. 그러나 예수님을 진짜로 믿는 사람이라면 내가 그리스도와 함께 죽고 살아나서 매일 매일을 부활 생명으로 살아간다는 것을 분명히 해야 합니다. 그리고 날마다 다음과 같은 고백을 주님 앞에 하셔야 합니다. "주님 우리를 살려 주셔서 감사합니다. 예수 그리스도의 부활 생명을 가지고 날마다 즐겁고 기쁘게 주께서 맡겨 주신 일을 할 수 있게 하여 주시옵소서." 주님이 다시 오시는 그날까지, 내가 죽는 때까지.

그런데 우리 친구들이나 가족들 중에 안 믿는 사람들은 이 즐거움에 동참하지 못합니다. 그래서 우리는 안 믿는 사람들에게 모든 기회를 사용해서 예수님을 전해야 합니다. 우리가 싸울 때 "네가 죽나, 내가 죽나 해 보자!"고 하는 것처럼 안 믿는 사람이 죽을 때까지, 아니면 우리가 죽을 때까지 전도해야 합니다. 우리 주변에 있는 안 믿는 사람들을 주께 인도해야 합니다. "많은 사람을 옳은 데로 돌아오게 한 사람들은 별과 같이 영원토록 빛나리라."고 다니엘서에서 말씀하셨습니다(단 12:3). 여러분들도 그런 영광에 동참할 수 있기를 바랍니다.

제2강

죄와 타락의 참상

앞서 우리는 우리 주 예수 그리스도께서 어떻게 놀라운 구속을 이루셨는가에 대해 이야기했습니다. 그렇다면 그런 구속이 왜 필요했을까요? 우리의 심각한 죄 때문입니다. 구속의 핵심은 우리의 죄 때문에 예수님께서 우리의 자리에서 우리를 대신해서 죽으셨다는 것입니다. 그리고 예수님께서는 우리 죄 때문에 죽으신 것뿐만 아니라 이 세상에 오셔서 아버지 하나님의 뜻을 다 행하셨습니다. 십자가에서 "다 이루었다"고 외치신 대로 말입니다. 이 말은 굉장히 많은 의미들을 내포하고 있습니다. 하나님의 뜻을 다 이루었다는 뜻도 거기에 포함되어 있습니다. 이 세상에서 그 누가 자신이 하나님의 뜻을 다 이루었다고 말할 수 있겠습니까? 어떤 사람이 인생을 다 산 다음에 하나님께 "저는 하나님께서 이 세상에 와서 하라고 한 일들을 다 이루었습니다."라고 이야기할 수 있을지는 모르지만, 이 또한 잘 모르고 하는 말입니다. 죄악 속에 있는 우리네 인간은 아무도 이렇게 말할 수 없습니다. 그저 최대한 다 이루기 위해 노력할 뿐입니다. 그러나 우리 주 예수 그리스도께서는 참으로 하나님의 뜻을 다 이루셨습니다. 그리고 그 이루신 의로움을 우리에게 가져다주십니다.

구속 사건에 대한 요약: 죄 용서와 주와 함께 살아남

예수님께서 우리에게 해 주신 것을 요약해 보겠습니다. 먼저 우리가 지금까지 잘못한 모든 것에 대한 형벌을 예수님께서 받으셨다는 점입니다. 이것은 우리에게 마이너스가 될 만한 요인들을 제거해 주신 것입니다. 은행에 빚이 있었는데 그 빚을 다 갚아 주신 것이나 마찬가지입니다. 우리가 하나님 앞에 진 빚은 사실 더 심각한 것입니다. 성경에 나오는 비유로 말하자면, 20만년 연봉 상당의 빚이라고 표현할 수 있습니다. 우리가 도무지 갚을 수 없는 빚인데 대부분의 사람들은 그렇게 생각하지 않습니다. 우리는 하나님을 조금 믿게 되면 하나님 앞에 잘못한 것에 대해 잘못했다고 말하는 정도일 뿐입니다. 또 자신의 잘못을 생각하며 울기도 할 수 있습니다. 그런데 우리는 성경이 말하는 것처럼 철저하게 이것을 인식하지 못합니다. 그런데 성경은 죄에 대해서 매우 강하게 말합니다.

"그는 허물과 죄로 죽었던 (너희를 살리셨도다.)"
(에베소서 2:1)

"허물로 죽은 우리를 그리스도와 함께 살리셨고 너희는 은혜로 구원을 받은 것이라" (에베소서 2:5)

에베소서 2장 1절을 보면 '너희의 허물과 죄로 죽었던'이라는 구절이 굵은 글씨고, '살리셨도다'라는 구절이 조그만 글씨로 되어 있는 성경이 있습니다. '너희의 허물과 죄로 죽었던'이라는 말은 원문에 있지만, '살리셨도다'라는 말은 1절 원문에 없습니다. 이 말은 사실 5절에 있는 것입니다. 5절 '허물로 죽은 우리를 그리스도와 함께 살리셨고'에 '살리셨다'라는 말이 있습니다. 그런데 이 말이 1절로부터 너무 멀리 떨어져 있어서 1절에 미리 작은 글씨로 표시해 둔 것입니다. 여기에서 '살리셨도다'라는 말은 우리가 지난 강의에서 말했던 것처럼 예수 그리스도의 부활 생명이 우리에게 왔다는 것입니다. 우리는 날마다 부활 생명으로 삽니다. 오늘도 우리는 예수 그리스도의 부활 생명으로 산 것입니다. 이 세상에서 안 믿는 사람들은 예수 그리스도의 부활 생명으로 살지 않습니다. 이것이 안타까운 일입니다.

영적으로 죽은 사람들이었던 우리들

여기서 예수 그리스도의 부활 생명으로 산 사람과 그렇지 않은 안 믿는 사람에 대해 생각해 보겠습니다. 이에 대해서 우리들은 성경이 하는 말대로 이해해야 합니다. '너희의 허물과 죄로 죽은 사람들'이라는 구절에서 이때의 '죽음'이라는 것은 영적인 죽음을 이야기합니다. 이 영적인 죽음에 대해 오해하면 안 됩니다. 안 믿는 사람 안에는 영혼이 있을까요, 없을까요? 있습니다. 이것을 분명히 할 필요가 있습니다. 안 믿는 사람 안에 분명히 영혼이 있습니다. 그런데 그 영혼이 죽었다고 이야기하는 것입니다. 우리는 죽었다는 말을 우리 몸이 죽었을 때를 중심으로 생각하려고 합니다. 죽었을 때 우리 몸은 꼼짝 안 하고 가만히 있습니다. 누가 뺨을 꼬집어도 아프다고 일어나지 않습니다. 죽었기 때문에 그렇습니다. 살아 있을 때는 가만히 있으라고 해도 견디지 못합니다. 산 사람이 한참 가만히 앉아 있는 것은 굉장히 힘든 일입니다. 그래서 살아 있을 때는 여러 가지 활동을 합니다. 그런데 죽은 다음에는 일어나라고 해도 일어나지 않습니다. 그냥 죽어 있는 것입니다.

죽음에 대한 이런 생각이 우리에게 너무 익숙해서 많은 사람들은 영혼도 그와 비슷하다고 생각합니다. 지난 강의에서 사고 난 장면을 이야기했습니다. 갑자기 교통사고로 어떤 사람이 죽었다고 가정해 봅시다. 그 사람의 몸이 여기에 있습니다. 이때 많은 사람들은 그 사람 몸과 비슷한 것이 빠져나와 그 사람을 내려다본다고 생각합니다. 그러나 사실은 그렇지 않습니다. 예수를 믿는 사람은 죽자마자 그 영혼이 "하늘"(heaven)에 하나님과 함께 있습니다.

영혼은 어떻게 생겼습니까? 알 수 없습니다. 그러나 분명히 존재하는 것입니다. 여러분이 이 내용을 이해하기 위해서는 뇌가 작용해야 하듯이, 동시에 영혼이 작용해야 합니다. 성령님에 의해 영혼이 살아난 여러분은 하나님의 말씀에 반응하게 되어 있습니다. 그런데 안 믿는 사람들은 하나님에 대해서 관심이 없고, 하나님의 뜻을 구하려고 하지 않습니다. 오히려 하나님의 뜻과 반대로 행동하기도 합니다. 이것이 바로 영혼이 죽은 것입니다. 하지만 우리의 영혼은 살아났습니다. 만일에 예수 그리스도께서 우리를 위해서 대신 죽지 않으셨으면 우리의 영혼도 살아나지 못했을 것입니다. 그랬다면 우리도 하나님에 대해서 관심이 없었을 것입니다. 그리고 하나님을 추구하지도 않았을 것입니다. 그러나 우리 하나님은 능력이 많으셔서 우리를 살리셨습니다.

이렇게 그 영혼이 영적으로 살아난 사람들은 성경을 따라서 다음과 같이 생각하게 됩니다. 예수님께서 친히 우리가 받을 모든 형벌을 다 받으셨습니다. 우리가 지은 죄나 짓고 있는 죄, 앞으로 지을 죄에 대한 그 모든 형벌을 예수님께서 다 받으셨습니다. 심지어 우리가 지옥에서 받아야 할 형벌까지 예수님께서 다 받으셨습니다. 우리는 이것을 다 믿는다고 합니다. 진짜 믿으셔야 합니다. 예수님은 무엇에 대한 형벌을 받으셨습니까? 믿는 우리들의 과거, 현재, 미래의 모든 죄에 대한 형벌을 받으신 것입니다. (예수님을 믿는다고 하는 사람들 가운데서도) 이것을 안 믿는 사람들이 많습니다. 우리를 위해서 구속을 이루신 것이 언제라고 했습니까? 2,000년 전이라고 했습니다. 우리는 그 당시에 있지도 않았습니다. 다시 말해, 예수님께서 십자가에서 우리 죄를 위해서 형벌을 받아 다 갚아 주실 때에는 우리의 죄는 미래의 죄였습니다. 우리는 예수님을 믿으면서 '내 과거의 죄는 예수님이 갚아 주셨고 미래의 죄는 내가 알아서 해야 하지 않을까'라고 생각하는 경우가 있습니다. 그러나 사실은 그렇지 않습니다. 예수님이 십자가에 못 박혀 돌아가셨을 때 우리의 죄는 모두 미래의 죄였습니다. 앞으로 예수를 믿게 된 모든 사람들의 죄를 예수님께서 다 짊어지고 가셨습니다. 그때 우리는 예수님에 대해서 알지도 못했을 뿐만 아니라 우리가 존재하지도 않았던 때입니다. 그러나 그때도 우리가 누구의 마음속에 있습니까? 바로 하나님의 마음속에 있습니다. 우리의 모든 죄를 지고 예수님께서 십자가에 달려 돌아가신 것입니다.

우리가 받아야 할 형벌은 사실 (1) 이 세상에서 받아야 할 형벌(현세적 형벌)과 (2) 죽은 다음에 받아야 할 형벌(미래적 형벌) - 이 두 가지입니다. 예수님께서 그것을 다 감당하셨기에 믿는 사람들에게는, 그리스도 예수님 안에 있는 새 사람에게는 결코 정죄함이 없다는 것을 믿으셔야 합니다. 우리는 죄인인데 어떻게 정죄함이 없습니까? 우리 죄에 대한 형벌을 예수님께서 다 받으셨기 때문입니다. 예수님께서 우리가 이 세상에서 받아야 할 형벌을 다 받으셨습니다. 또한 우리들은 죽은 다음에 마땅히 받을 형벌도 받지 않습니다. 예수님께서 그 형벌을 이미 다 받아주신 놀라운 일이 이미 일어났기 때문입니다. 이러한 사실을 정말 잘 알고 있다면 우리는 자다가도 일어나서 찬송할 것입니다.

우리를 영원한 형벌로부터 구원해 내신 주님이시고, 우리를 위해서 구속을 이루신 십자가에 못 박혀 죽으신 예수 그리스도, 다시 살아나신 그분은 우리의 찬양과 경배, 영광을 받으시기에 합당하십니다. 그래서 우리는 날마다 찬양합니다. 구주의 십자가 보혈을 찬양합니다. 우리의 죄에 대한 문제를 다 해결하셨기 때문에 찬양하는 것입니다.

주께서 우리의 형벌을 다 받으셨음을 참으로 믿는가?

우리가 오늘 새벽 기도에 참석해야 하는데 못 일어났다고 가정해 봅시다. 일어났더니 새벽 기도회가 다 끝난 시간입니다. "오늘 새벽 기도 못 했네."라고 말하면서 집에서 기도하고 일하기 위해 나갔습니다. 그러다가 큰 사고가 났다고 가정해 봅시다. 그때 "오늘 새벽 기도 안 나가서 벌 받았구나."라고 이야기하는 경우가 종종 있습니다. 이것이 우리가 참으로 믿지 않음을 드러내는 대표적인 예입니다. 예수님을 믿는 사람들은 우리가 "형벌을 받는다."고 말해서는 안 됩니다. 한국 사람들이 쓰는 이상한 말 중에 '죄 받았다.'라는 말이 있습니다. 이 말을 죄에 대한 벌을 받았다는 의미로 쓰는 것입니다. "죄를 받는다"는 표현은 말이 안 되지만, 옛 사람들은 자주 이런 식으로 표현하곤 했습니다.

그런데 우리는 우리의 죄에 대한 형벌을 이미 예수님께서 십자가에서 다 받아주셨고, 그래서 우리는 벌을 받지 않는다는 것을 참으로 믿어야 합니다. 벌을 받지 않는다는 사실을 믿으셔야 합니다. 만약 어느 날 새벽 기도회에 나오지 못해서 마음이 좋지 않을 때에 안타까울 수는 있지만, 그것에 대한 형벌이 있는 것은 아니라는 것을 알아야 합니다. 내가 받아야 할 형벌을 예수님께서 다 받으셨기 때문입니다. 그렇다고 이제부터 새벽 기도에 오지 않아도 되겠다고 생각하시면 안 됩니다. 우리가 새벽 기도에 참여하는 것은 벌을 받지 않기 위함이었습니까? 성경에서 하라고 하는 것들을 행하는 것이 벌을 받지 않기 위한 것이 아닙니다. 구원함을 받은 것이 너무 좋아서 하는 것입니다. 예수님을 믿는 사람들이 너무 감사해서 하는 것입니다. 우리는 어떠한 벌을 받을까 두려워서 하는 노예와 같이 신앙생활을 하는 것이 아닙니다. '종'의 영을 받지 않고 '양자'의 영을 받았다고 했습니다(롬 8:15). 아들의 영을 받았다면 날마다 벌 받을까 무서워해서는 안 됩니다.

세상에 못된 사람들이 있습니다. 어차피 벌 받지 않는다고 하니 나쁜 일을 하는 데로 나아가는 사람들입니다. 예수님을 믿는다고 하면서 그렇게 하는 것은 더 나쁜 것입니다. 이것보다는 차라리 벌 받을까 나쁜 행동을 안 하는 것이 더 낫습니다. 그러나 이 말을 오해하면 안 됩니다. 벌 받을까봐 무서워서 신앙생활을 하면 안 됩니다. 예수님을 참으로 믿는 우리는 형벌과 상관없음을 알아야 합니다.

형벌과는 다른 징계를 바로 이해해야

대신에 믿는 우리들이 어떠한 잘못을 계속하면, 마치 자녀들이 잘못했을 때 우리들이 회초리로 때리면서 징계하는 것 같이 하나님께서 우리를 징계하십니다. 우리가 자녀를 사랑하기 때문에 징계하시는 것이며, 잘되라고 징계하는 것입니다. 사랑해서 징계합니다. 그러니 그 사랑이 느껴지게 징계해야 합니다. 마찬가지로 우리가 잘못하면 주께서 우리를 징계하실 수 있습니다. 그렇다는 것을 히브리서가 분명히 이야기합니다(히 12:5-10). 징계는 하십니다. 우리를 사랑하셔서 징계하시는 것입니다. 그러나 참으로 예수님을 믿은 우리에게 형벌은 없습니다. 하지만 겉으로 보기에는 징계가 형벌과 비슷하게 보일 수도 있습니다. 그래서 하나님 앞에 잘못한 다음 나쁜 일이 생기면 사람들이 자꾸 "벌 받았다"는 말을 하는 것입니다.

그러나 믿는 우리들은 이제 분명히 구별해야 합니다. 그리스도께서 그 모든 형벌을 다 감당하셨기에 우리에게 이제 형벌은 없습니다. 그렇다고 날마다 나쁜 일을 계속한다면 안 되겠지요. 죄 자체는 아주 심각한 것입니다. 죄가 가져온 참상은 아주 비극적인 상황입니다. 우리는 죄 자체를 우습게 생각해서는 안 됩니다. 죄가 얼마나 무시무시한 참상을 가져왔는지 알아야 합니다. 그리고 그 죄로부터 우리를 구원하시고 형벌에서 구원하셨다는 것에 대해 감사하지 않는다는 것은 영적으로 병든 증상입니다. 영적으로 죽은 사람들은 이런 생각에 전혀 반응하지 않습니다. 하나님께서 예수님을 통해서 우리 죄를 구원하셨다는 것에 전혀 관심이 없습니다. 그런데 영이 살아난 우리는 관심이 있습니다. 주님께서 나를 구원하셨다는 것에, 나를 형벌로부터 면제시켜 주셨다는 것에 관심을 가집니다.

이것을 비유해서, 일만 달란트, 즉 20만 년 상당의 연봉에 해당하는 빚을 탕감해 준 것이라고 표현합니다. 그런데 그것에 대해서 우리들은 별로 감사해하지 않습니다. 만일 남이 나에게 10억 원쯤의 빚을 탕감해 준다면 굉장히 감사해할 것입니다. 그런데 하나님께서 그것과는 비교도 안 되는 굉장한 것을 탕감해 주었는데 별로 감사도 안 합니다. 그러면서 하나님께서 용서하셔야 한다고 합니다. 사람들이 하나님께 용서를 강요합니다. 그래서 어떤 분이 그렇게 말합니다. 옛날에 블랙 코미디에서 하는 말인데 "하나님께서 용서하실 것입니다. 그것이 하나님의 직업이니까요."라고 말합니다. 그런데 우리가 하나님께 "용서하시는 분이잖아요, 용서하세요."라고 하면 안 되죠. '용서'라는 놀라운 소식이 우리에게 주어졌을 때 우리는 감사할 수밖에 없습니다. 정말 감사함을 느끼는 사람은 주님 앞에 나 자신을 다 드리게 되어 있습니다. 성경에 의하면 예수님을 믿는 모든 사람은 다 '헌신된 그리스도인'입니다. 그런데 상당히 많은 교회들에서는 교인들 가운데 몇몇 헌신하는 사람들이 있고, 나머지 교인들은 헌신을 안 하고 있습니다. 여러분은 어떻습니까? 현실적으로 아니라고 한다면 심각한 문제가 있는 것입니다.

정말 헌신하는 마음이 우리에게 있어야 합니다. 그러니까 스스로도 그렇게 이야기하셔야 합니다. 하나님 앞에, "나는 주님 앞에 나 자신을 다 드립니다."라고 고백해야 합니다. 헌신은 나 자신을 드리는 것입니다. 나를 드린다고 해서 하나님께 좋을 것은 하나도 없습니다. 그렇다고 우리는 드리지 않으면 안 됩니다. 하나님께서는 우리에게 늘 그의 사랑을 내려 주십니다. 우리의 죄에 대한 형벌을 모두 감당해 주시고도 나를 계속 사랑하시고 인도하신다는 것을 생각하면, 우리는 헌신할 수밖에 없습니다. 그러니까 기본적으로 나는 헌신된 그리스도인입니다.

"헌신은 하겠지만, 지금은 아니고요"라고 하시면 안 됩니다. 옛날에 어거스틴이 회심하기 전에 "순결을 원합니다. 주님 나를 그렇게 만들어 주세요. 그런데 지금은 말고요."라고 한 적이 있습니다. 상당히 많은 그리스도인들이 그러려고 합니다. 그러나 그렇게 해서는 안 됩니다.

우리는 이미 헌신했고, 적어도 오늘 이 시간 주 앞에 우리는 헌신한 사람입니다. 누군가 여러분에게 "여러분은 헌신된 그리스도인입니까?"라고 묻는다면 겸연쩍어하지 말고 "그렇습니다. 나는 헌신된 그리스도인입니다."라고 대답하십시오. 그리고 잘못하고 있다면, "더 노력하겠습니다. 주님 힘주셔요." 그러시면 됩니다. "내가 믿나이다. 나의 믿음 없는 것을 도와주소서."라며 우리는 주님 앞에 믿음을 고백해야 합니다. 이것이 주께서 이미 우리의 모든 죄를 다 감당해 주셨다고 하는 것에 대한 감사함을 표현하는 방식입니다.

죄와 타락을 약화시키는 견해들과 그 문제(1):

펠라기우스주의

성경에 의하면 우리의 죄는 하나님의 아드님께서 오셔서 우리를 대신하여서 죽으셔야만 그 문제가 해결될 정도로 심각한 죄인데, 그 죄를 축소하거나 없는 것으로 만들려는 사람들이 있습니다. 인간이 타락했다는 사실을 자꾸 축소하고 심지어 "타락이 없다."고 말하려고 합니다. 그리고 한 걸음 더 나아가 "창조도 없다"고 합니다. 어쩌다 보니 인간이 있게 되었다고 생각합니다. 그런데 예수를 믿는 사람들은 "타락이 있다."고 생각합니다.

옛날에 펠라기우스(Pelagius, 354-418/420)라는 사람이 있었습니다. 그리고 그의 가르침을 따르는 사람들을 '펠라기우스주의자'라고 합니다. 영어로는 '펠라기안'(Palagian)이라고 하지요. 펠라기우스는 아일랜드 사람 같습니다. 지금은 사람들이 아일랜드에 와서 사업을 하면 세금도 깎아 주고 하여 근자에 매우 사업이 왕성하게 되어 가고 있습니다. 그런데 아일랜드가 굉장히 못 살던 때, 예수도 잘 안 믿던 그때 로마에서 전도자들이 와서 아일랜드 사람들에게 복음을 전하고 그것을 감사히 여기던 수도사 펠라기우스가 있었습니다. 그래서 자신들에게 복음을 전해 준 로마에 감사해하며 로마를 한번 가보고 싶다고 생각하기도 했습니다. 마치 한국 선교사가 말라위나 탄자니아 등에 가서 예배당도 세우고 학교를 세우려 할 때 그곳에서 그 선교사를 통해서 예수를 믿게 된 청년들이 한국으로 오기도 하는데, 한국이 자신들에게 선교사를 보낸 것을 통해서 한국에 있는 사람들은 신앙이 좋고, 하나님께 헌신하고 있다고 착각하기도 하는 것처럼 말입니다. 그와 똑같은 착각이 펠라기우스에게도 있었습니다. 그래서 기대하고 로마에 가서 봤더니 로마 사람들이 주님의 뜻대로 하지 않는 모습을 보이는 것입니다. 펠라기우스는 그 모습에 실망했습니다. 그래서 이 사람은 마음속에 다음과 같은 생각을 합니다. "하나님의 뜻대로 해야지, 하나님의 뜻대로 하지 않는데 예수를 믿는다고 하여 구원을 받았다고 하느냐?" 그래서 "하나님의 뜻대로 하지 않으면 구원받지 못한다."는 말을 하기 시작했습니다(펠라기우스주의의 대표적 주장).

만일에 이것이 기준이라면 이것은 정말 무서운 것입니다. 하나님의 뜻대로 하면 구원을 받고 하나님의 뜻대로 안 하면 구원을 받지 못한다는 것이 기준이라면, 여러분 가슴에 손을 얹고 솔직히 하나님 앞에서 구원을 받을 수 있는 사람이 몇이나 될까요? 아무도 손을 못 들 수도 있습니다. 이렇게 말하는 것은 정말 무서운 것입니다.

인간의 타락과 죄를 이 정도로 심각하게 여기지 않으면, 결국 그것을 인정하지 않는 안 믿는 사람과 같아집니다. 하나님의 뜻을 행하면 구원받고, 행하지 않으면 구원받지 못하다는 생각은 안 믿는 사람 수준의 생각입니다. 그래서 이것을 자력 구원론(auto-soteric)이라고 하면서 성경을 믿는 사람들은 이런 주장을 비판해 왔습니다. 이는 결국 예수님께서 십자가에 달려 돌아가심으로써 우리의 죄가 용서

받아 우리가 구원을 받는다는 것을 약화시키는 것입니다. 예수님께서 십자가에 달려 죽으신 것은 하나님께 절대적으로 복종한 것이니 우리도 예수님을 본받아서 하나님께 절대적으로 복종하자는 생각은 좋습니다. 그런데 그럴 수 있는 능력이 우리에게는 없습니다. 그런데 자꾸 그러한 이야기를 하는 사람들이 펠라기우스 시대에도 있었고, 오늘날도 있습니다. 그러나 이것은 기독교가 아닙니다. 인간의 타락이 얼마나 무서운지 우리는 깊이 생각해 보아야 합니다.

죄와 타락을 약화시키는 견해들과 그 문제(2): 반(半)-펠라기우스주의(semi-pelagianism)

펠라기우스를 이단으로 정죄한 천주교에서는 인간이 타락했고, 주님의 뜻을 행할 수 없음을 어느 정도 인정합니다. 그러나 예수님을 믿은 다음에 우리가 열심히 주님의 뜻을 행하는 것이 참된 의미에서 공로(*meritum*)가 된다고 하고, 이런 공로(*meritum*)는 필요하다고 생각합니다. 따라서 예수님께서 십자가에서 이루신 공로가 필요하고, 그에 더하여 우리 자신이 행하는 공로가 필요하다는 소위 이중 공로관을 주장합니다. 천주교가 말하는 우리의 공로는 예수를 믿은 다음부터 행해지는 것입니다.

    이것은 예수님을 믿는 사람들이 예수를 믿은 후에 하나님의 뜻대로 열심히 살아야 한다는 것을 말하고자 하는 동기에서 비롯된 가르침입니다. 천주교의 주장에 의하면, 믿는 사람들이 죽으면 하나님의 뜻대로 행했는지 검사를 받습니다. 사실 이러한 상황이면 아무도 구원받을 수 없습니다. 하지만 그 사람들은 굉장히 자신만만합니다. "이제는 은혜로 하나님의 뜻을 행할 수 있다."고 하면서 그것이 공로(meritum)가 된다고 합니다. 천주교에서는 예수님의 십자가 없이는 안 된다고 하며, 십자가에서 우리의 죄를 용서하시는데, 그 용서하신 다음부터는 자기 자신이 책임져야 한다고 생각합니다.

천주교에서는 세례를 받을 때 나의 원죄와 세례받을 때까지의 지은 죄를 용서해 준다고 잘못 생각합니다. 그리고 세례받은 이후부터 지은 죄에 대해서는 은혜에 근거해서 자신이 알아서 해야 한다고 합니다. 이것이 잘못된 가르침입니다. 옷을 입는데 첫 번째 단추를 잘못 끼우면 나중에 두 번째 단추도 이상하게 끼워지듯이 천주교인들은 종국에는 이렇게까지 생각합니다. "세례받을 때 내 원죄가 없어진다고 하는데 그럼 내가 죽으려는 때에 세례를 주세요. 그러면 그때까지 내 원죄와 지은 죄를 다 용서받을 수 있으니까 말입니다." 이런 잘못된 생각이 널리 퍼져 갔습니다. 세례를 받는 것 자체가 우리의 죄를 없앤다는 천주교회의 주장을 '세례 중생설'(baptismal regeneration theory)이라고 부릅니다.

그러나 성경에 따르면 목사님이 세례를 주는 것은 여러분이 예수님을 진짜로 믿고 예수님과 함께 죽고 살아났다고 하는 것(이미 일어난 실재)을 외적으로 표현해 주는 것(sign)입니다. 우리의 죄는 세례 받을 때 용서받는 것이 아니라 '내가 예수를 믿었을 때 주께서 믿음으로 말미암아 의롭다 함을 얻게 한다.'라고 성경이 말하고 있습니다. 여러분이 믿었을 때 하나님께서 그리스도의 공로에 근거해서 여러분의 죄를 용서하십니다. 이러한 맥락에서 이 사람은 그것을 '참으로 믿는 사람입니다.'라는 표현으로 목사님이 베푸는 것이 세례입니다. 더해서 도장을 찍습니다. 이 사람은 참으로 믿어 의롭다함을 받은 사람이라는 것에 대한 표(sign)도 받고 도장(seal)도 받는 것입니다.

그런데 천주교에서는 세례 받을 때 죄가 없어진다고 잘못 생각하고 있습니다. 그래서 그 다음부터는 주어진 은혜에 근거해서 자신이 책임져야 한다고 합니다. 그리하여 결국 세례를 받은 사람들이 죽음 다음에 아주 예외적으로 몇몇 사람은 "하늘"(heaven)로 가지만, 대부분 사람은 하늘로 못 간다고 하면서 성경에 없는 것을 만들어 냅니다. 그래서 나온 것이 연옥(煉獄, purgatory)입니다. '연옥'이 뭘까요? '연단(鍊鍛) 받는 옥(獄)'이라는 것입니다. 연단 받는 옥에 가서 영혼이 깨끗해지는 일을 한다고 합니다. 나중에 다 정화되면 그제서야 그 정화된 영혼이 하늘(heaven)로 올라간다는 것입니다. 그러나 성경은 그렇게 이야기하지 않습니다. 이렇게 천주교회는 예수님을 믿는다고 하는데 성경이 말하는 것과는 다르게 믿는 것입니다.

예수님을 믿을 때는 성경이 말하는 대로 믿어야 합

니다. "이렇게 믿든지 저렇게 믿든지 주님을 믿으니까 다 믿는 것으로 칩시다." 그래서는 안 됩니다. 그래서 우리는 모이기만 하면 성경 공부를 하는 것입니다. 내 머릿속에 성경과 일치하지 않는 것이 있다면 자꾸 빼내야 합니다. 그래서 결국 우리의 생각이 성경에 가까워져야 합니다.

알미니우스주의

인간이 스스로 하나님의 뜻을 행할 수 있습니까? 못합니다. 그러나 복음이 우리에게 들려 오면 자신이 생각해 보고 '저거 믿을 만하다.'라고 생각하고 내가 믿을 수 있다고 주장하는 분들이 있습니다. 이러한 사람들을 '알미니우스주의(Arminianism)'자라고 합니다. 옛날에 네덜란드의 알미니우스(Arminius, 1560-1609)라는 사람이 그렇게 생각하여 이들을 '알미니안'(Arminian)이라고 부릅니다. 이분들은 십자가에 관한 소식, 복음 이야기를 내 스스로, 내 의지로 받아들일 수 있다고 생각합니다. 착각을 한 것입니다. 이들은 이렇게 생각합니다. 예수님께서 나사로 무덤가에 갔더니 나사로가 죽은 지 벌써 오래되어 냄새가 났습니다. 그때 예수님께서 '나사로야 나오너라.'라고 하셨을 때, 나사로가 다시 살아 나온 것에 비유하면서 죽은 사람이 살아 나올 수 있다고 하는 것입니다.

그런데 여기서 그들이 잘못 생각한 것이 있습니다.

예수님의 말씀이 죽은 나사로를 살려서 그가 나올 수 있었던 것이지, 나사로 자신이 판단해서 예수님께서 나오라고 하시니 나가야겠다고 생각한 것은 아니라는 것입니다.

전적 타락을 성경대로 믿는 사상

예수님의 창조적 말씀이 사람을 살리신 것입니다. 허물과 죄로 죽은 우리를 살리신 것입니다. 이렇게 믿는 것을 우리는 칼빈주의(Calvinism)라고 합니다. 칼빈주의에서는 인간이 전적으로 타락했다고 합니다. 우리의 마음속을 들여다보면 우리 스스로는 아무것도 할 수가 없다는 그 말은 우리가 사탄이란 말이 아닙니다. 우리는 사람입니다. 타락해서도 사람이지요. 우리는 절대로 어떤 사람한테 "당신은 사람도 아니에요."라고 말해서는 안 됩니다. 아무리 타락했어도 사람은 사람입니다. 아무리 타락했어도 하나님의 형상입니다. 그런데 타락한 사람은 허물과 죄로 죽었기 때문에 복음에 대해서 전혀 반응하지 않습니다. 이것은 여러분이 경험적으로도 알 수 있습니다. 아무리 친구들한테 전도해도 그들이 예수님을 잘 믿지 않지요?

그때 우리는 어떻게 해야 합니까? '저 사람은 이제 안 믿을 거다.'라고 그냥 내버려 두지 말고 어떻게 하셔야 합니까? 그를 위해서 열심히 기도하셔야지요. 그러면 예수 그리스도께서 "나사로야 나오너라"고 하셨던 것처럼 성령님께서 그 사람을 변화시키셔서 허물과 죄로 죽었던 사람을 살리셔서 믿게 해 주실 것입니다. 우리에게 예수님을 믿을 만한 능력이 있어서 믿는 것이 아닙니다. 우리가 예수를 믿게 되었다는 것은 정말 신기한 일입니다.

 이 세상에서 우리 옆에 예수님을 안 믿는 사람들이 많지 않습니까? 주께서 그의 놀라운 은혜를 베풀어 주셔서 우리를, 허물과 죄로 죽었던 우리를 살리셨다는 것을 잘 생각해야 합니다. 죄를 가볍게 여겨서는 안 되고, 죄를 가장 무겁게 여기는 사람들이 칼빈주의자입니다. 성경이 그렇게 이야기하기 때문에 우리는 죄를 무겁게 여겨야 합니다. 죄를 가지고 장난치시는 분들이 있습니다. "이 세상에 모든 사람이 죄인이죠." 하면서 죄를 당연시하려고 합니다. 더 나아가서 "죄를 짓지 않으면 무슨 재미가 있어요?"라고 하면서 죄로 나아가는 사람들이 있어요. 그러나 우리는 그럴 수 없습니다. 죄는 무서운 것이라는 점을 알아야 합니다.

 우리의 관심은 어떻게 하면 죄를 안 지을 것인가에 대한 것이어야 합니다. 이것을 위해서 먼저 사람들이 어떻게 죄에 빠져 들어가는가에 대해 공부해 보겠습니다.

인간이 최초의 죄를 지은 상황

창세기 3장으로 가서 인간이 최초로 죄를 범하는 상황을 보겠습니다.

그런데 뱀은 여호와 하나님이 지으신 들짐승 중에 가장 간교하니라. 뱀이 여자에게 물어 이르되 "하나님이 참으로 너희에게 동산 모든 나무의 열매를 먹지 말라 하시더냐?" 여자가 뱀에게 말하되 "동산 나무의 열매를 우리가 먹을 수 있으나 동산 중앙에 있는 나무의 열매는 하나님의 말씀에 너희는 먹지도 말고 만지지도 말라 너희가 죽을까 하노라 하셨느니라." 뱀이 여자에게 이르되 "너희가 결코 죽지 아니하리라. 너희가 그것을 먹는 날에는 너희 눈이 밝아져 하나님과 같이 되어 선악을 알 줄 하나님이 아심이니라." 여자가 그 나무를 본즉 먹음직도 하고 보암직도 하고 지혜롭게 할 만큼 탐스럽기도 한 나무인지라 여자가 그 열매를 따먹고 자기와 함께 있는 남편에게도 주매 그도 먹은지라 (창세기 3:1-6).

이 상황을 통해 어떻게 사람들이 죄로 빠져들어가는지 보고, 이렇게 하면 죄를 짓는 것이니 우리는 그렇게 해서는 안 되겠다는 것을 오늘 배울 것입니다. 이것을 위해서는 마음속에 어떠한 마음이 있어야 할까요? 죄를 짓지 않으려는 마음입니다. 이러한 마음은 여러분 안에서 성령님께서 일으켜 준 마음입니다. 여러분 마음속을 잘 생각해 보셔야 합니다. 우리가 영적으로 병들어 있으면 '어떻게 죄를 안 짓습니까? 다 짓는 것입니다.' 라고 생각합니다. 이것이 영적으로 병든 것입니다. 그런데 여러분이 영적으로 살아 있으면 '죄를 지으면 안 된다.' 라는 마음이 나타납니다. 벌 받을까 무서워서 죄를 짓지 않는 것이 아니라, 주께서 우리를 구속해 주셨기 때문에 감사해서 우리 마음에서 죄가 너무 무서운 것입니다. 마음속에 이러한 생각이 있어야 합니다.

요나단 에드워드(Jonathan Edwards, 1703-1758)가 설교할 당시 원고를 손으로 썼습니다. 자신이 쓴 원고를 읽는데 조명이 밝지 않았습니다. 그래서 한 손으로는 원고를 들고 한 손으로는 랜턴을 들고 읽어 가면서 설교를 했습니다. 미국식 예배당 의자에 앉아 있는 사람들에게 어두컴컴한 곳에서 랜턴을 들고 설교문을 읽는데, 1741년 7월 8일 저녁 그날 본문이 "진노하시는 하나님의 손 안에 있는 죄인들"(Sinners in the Hands of an Angry God)에 대한 부분이었습니다. 아주 강력하게 이야기한 것도 아닌데, 죄인이 하나님의 손 안에 있으면 얼마나 무서울까 하는 생각이 성도들에게 강력하게 다가갔습니다. 그래서 죄를 회개하는 운동이 그 교회에서 시작되었습니다. 우리도 그래야 합니다. 우리는 구속함을 받았기 때문에 너무나도 감사해서 죄의 근처에도 가지 않으려는 마음이 있어야 합니다.

사람이 어떻게 죄에 빠졌는가를 살펴보면, 그로부터 앞으로 죄를 짓지 않을 수 있는 방안을 찾을 수 있습니다. 맨 처음 뱀이 나타납니다. 창세기 3장에 보면 뱀이 나타나는데, 이것은 진짜 뱀입니다. 사실 창세기 3장에는 '사탄'이라는 말이 없습니다. 그러나 예수님께서도 이 배후에 사탄이 작용하고 있음을 시사하고 계십니다(요 8:44 참조). 사도 바울도 그렇게 시사합니다(롬 16:20 참조). 그분들의 그 해석에 근거하여 우리도 창세기 3장에 나타난 이 뱀의 배후에 사탄이 있다고 생각해야 합니다. 이 장면에 사탄은 보이지 않습니다. 사탄이 '뱀'을 사용했습니다. 하나님께서 지으신 들짐승 중에 뱀이 가장 간교하다는 말이 있는데, 이는 '지혜롭다.'는 말입니다. 너무 지혜로우면 그것이 잘못 이용되기도 합니다. 사탄은 뱀이 가장 지혜롭기 때문에 뱀을 사용해 인간을 타락시키려고 시도한 것입니다.

뱀이 여인과 이야기를 합니다. 이 뱀과 여인이 대화하는 것에 대해서 두 가지로 생각할 수 있습니다. 첫 번째는 진짜 대화로 볼 수 있습니다. 이 가능성이 매우 큽니다. 이때는 타락하기 전이기 때문이지요. 둘째는 여인과 뱀 사이에 어떠한 형태든지 "의사소통"(communication)이 이루어지는 것입니다. 이 상황은 둘 중 하나입니다. 앞서 언급한 것처럼 진짜 이야기가 오고갈 수 있을 것이라고 생각합니다. 성경을 제대로 믿을 때는 정말로 이야기가 오고 갔다고 생각합니다. 이것을 조금 이상하게 생각하시는 분들은 실질적 대화는 아니고 일종의 의사소통(커뮤니케이션)이 이루어졌을 것이라고 생각합니다. 두 가지 생각 모두 괜찮습니다.

뱀이 여인에게 이야기합니다. "하나님께서 너희한테 동산의 모든 나무의 선악과를 먹지 말라고 하시더냐?"(창 3:1) 이것은 겉으로 볼 때는 그렇게 심각한 질문으로 보이지 않습니다. 그냥 물어보는 것 같습니다. 그런데 잘 생각해 보면 이 말 속에는 이미 하나님께서 너희를 억압하고, 너희에게 무엇을 금하고 있는 것들이 있지 않느냐는 생각을 넌지시 주입하고 있습니다(의심의 씨앗의 주입). 하나님께서 자유를 주지 않고, 억압하고 있다는 생각을 심어 주는 것입니다. 이와 같이 죄로 유혹하는 첫 번째 단계는 하나님에 대한 의심이 생기도록 하는 것입니다.

여러분도 하나님의 성경을 읽으면서 의심이 생길 수 있습니다. 그럴 때 어떻게 해야 할까요? "하나님 이 의심을 없애주세요."라고 해야 하는데 "그렇지. 하나님은 좀 너구한 거 아니야? 내 이런 상황 가운데 하나님은 너무하신 것 같아."와 같은 의심이 계속 발전되어 나가게 되면, 그것을 가지고 사탄은 무엇을 합니까? 우리 마음속에 하나님의 좋은 의도를 나쁘게 생각하도록 합니다. 이렇게 첫 번째 단계는 의심의 씨앗을 불어넣는 것입니다.

첫째 질문에 대해서 여자는 대답합니다. "동산 나무의 열매는 우리가 먹을 수 있으나 동산 중앙에 있는 나무는 하나님의 말씀에 너희는 먹지도 말고 만지지도 말라."(창 3:2-3) 분명히 말하면 하나님께서는 그저 먹지 말라고 했는데 그 뒤에 어떤 말이 덧붙어 있습니까? '만지지도 말라'는 말이 있습니다. 이것을 누가 덧붙였는지 잘 모릅니다. 아담이 이 이야기를 맨 처음 들었습니다. 아담이 여인에게 전달할 때 '이거 안 먹으려면 안 만지면 되겠지.'라고 생각해서 만지지 말라는 말을 넣은 것인지, 아니면 아담은 정확하게 하나님께서 먹지 말라고 하셨다고 전했는데, 그것을 들은 여인이 뱀에게 그렇게 말한 것인지 알 수 없습니다. 누가 했든지 좋은 의도에서 한 것입니다. 그러나 여기에 두 번째 문제가 있습니다. 하나님의 말씀에 무엇이든지 자꾸 덧붙이는 것입니다. 하나님의 말씀인 성경에 무엇이든지 덧붙여서는 안 됩니다. 그것은 이단이 되는 길입니다.

신앙생활을 하면서 성경이 말하지도 않는 것에 대해서 자신들이 어떤 규칙을 만들어 놓고 지키려는 경향이 나타나기 쉽습니다. 예를 들어서 천주교에는 성경에 없는데 성도들에게 하라고 요구하는 것이 많습니다. 그래서 종교 개혁을 하면서 오직 성경대로만 하려는 우리는 각 가정과 예배당 안의 십자가를 다 없앴습니다. 우리 예배당에도 가운데에 십자가가 없습니다. 천주교 성당에는 늘 십자가가 있습니다. 그냥 십자가만 있는 것이 아니라 십자가에 예수님의 상을 만들어 두었습니다. 고난받는 예수님의 상입니다. 종교 개혁할 때 루터파에서는 그 상을 없앴습니다. 하나님을 경배할 때 상을 만들어 놓고 절하지 말라고 했기 때문입니다. 그러자 십자가만 남았습니다. 그래서 루터파와 영국 성공회 예배당에는 십자가가 남아 있습니다. 그런데 우리 칼빈주의 장로교회의 예배당 안에는 십자가가 없습니다. 그런데 세월이 지나며 루터파나 성공회 등의 다른 교회의 예배당에 만들어 놓은 십자가를 보고 멋있다고 생각하고 그 십자가가 일반화되어 버렸습니다. 그러나 우리는 누가 보았을 때 '여기 이단 교회 아니냐?' 할 정도로 십자가를 두지 않아야 합니다. 당장은 어렵지만 오랜 시간에 걸쳐 그렇게 할 필요가 있습니다. 예배당 바깥에 상징으로 십자가를 만들고 이곳에 예수님을 믿는 사람들이 모이도록 할 수는 있습니다. 그러나 예배당 안에 있는 십자가는 다 없앴습니다. 이것은 우리가 성경이 말하는 것에 충실하기 위한 것입니다. 우리는 성경이 말하는 것에 무엇인가를 덧붙이지 않도록 해야 합니다.

정리하면, 죄악에 들어가게 하는 길 두 가지는 첫 번째 사탄은 우리 마음속에 의심의 씨앗을 자꾸 심으려고 한다는 것입니다. 내가 기분이 좋을 때에는 그런 생각을 하지 않다가 어려운 일이 있을 때, "하나님 왜 이러세요?" 이렇게 말한다면 이것은 내가 시험을 받고 죄악의 길로 들어가는 징조입니다. 그때 오히려 마음을 다잡아야 합니다. "주님! 이런 생각이 들지 않게 하여 주시옵소서. 내 마음속에 의심의 씨앗을 없애 주옵소서."라고 기도해야 합니다.

두 번째 죄악의 길로 들어가게 하는 것은 무엇입니까? 명백히 드러난 성경에 없는 내용을 더하는 것입니다. 이러한 것을 우리는 '미신'이라고 합니다. 간단한 '미신'을 하나 만들어 보겠습니다. 여러분이 머리가 아플 때 어떻게 합니까? 코로나19 때에 한국 사람들이 타이레놀을 많이 먹었습니다. 진통제인 약을 먹고 머리가 아프지 않고는 했는데, 어느 날은 너무 아파서 타이레놀을 먹었는데도 머리가 계속 아팠습니다. 그런데 그 옆에 성경책이 있어서 그 성경책을 베고 잤습니다. 자고 일어났더니 머리가 씻은 듯이 나았습니다. 그러면 다음번에 머리가 또 아플 때 유혹이 드는 것입니다. '이거 베고 자볼까?' 지난번의 경험으로 효험이 있다고 생각하는 것입니다. 이런 상황이 겹치게 되면 우리는 이 효험있는 방도의 전도사가 됩니다. 옆에 권사님이 머리가 아프다고 하시면, "권사님 성경책 베고 주무세요."라고 합니다. 그런데 성경책을 베고 자면 머리가 씻은 듯이 낫는다는 이런 내용 있을까요? 없습니다. 그런데도 우리가 스스로 이러한 내용을 만들어 내는 것이 죄악으로 가는 길입니다. 성경책을 그렇게 사용해서는 안 됩니다. 우리는 그저 성경의 말씀대로 살려고 하는 마음이 있어야 합니다. 이것이 죄악으로부터 벗어나는 길입니다.

뱀은 세 번째로 제일 무서운 이야기를 합니다. 이제는 본격적으로 "너희가 이 열매를 먹으면 너희의 눈이 밝아져 하나님과 같이 되리라."라고 합니다(창 3:5). 그러자 여인이 보인 반응에 대해서 3장 3절에 이렇게 이야기합니다. "그 나무를 본 즉 먹음직하기도 하고 보암직하기도 하고 지혜롭게 할 만큼 탐스러운 나무인지라."(창 3:6) 여기 세 가지의 말, '먹음직하고', '보암직하고', '지혜롭게 할 만큼 탐스럽다.'는 말이 있습니다. 신약에서 사도 요한은 이것을 우리가 이 세상에서 받는 시험과 연관시켜 다음과 같이 말합니다.

> 자녀들아 내가 너희에게 쓰는 것은 너희 죄가 그의 이름으로 말미암아 사함을 받았음이요. 아비들아 내가 너희에게 쓰는 것은 너희가 태초부터 계신 이를 알았음이요. 청년들아 내가 너희에게 쓰는 것은 너희가 악한 자를 이기었음이라. 아이들아 내가 너희에게 쓴 것은 너희가 아버지를 알았음이요. 아비들아 내가 너희에게 쓴 것은 너희가 태초부

터 계신 이를 알았음이요. 청년들아 내가 너희에게 쓴 것
은 너희가 강하고 하나님의 말씀이 너희 안에 거하시며 너
희가 흉악한 자를 이기었음이라. 이 세상이나 세상에 있는
것들을 사랑하지 말라 누구든지 세상을 사랑하면 아버지
의 사랑이 그 안에 있지 아니하니 이는 세상에 있는 모든
것이 육신의 정욕과 안목의 정욕과 이생의 자랑이니 다 아
버지께로부터 온 것이 아니요 세상으로부터 온 것이라.
(요한일서 2:12-16)

요한서에서는 '먹음직하다'는 말을 '육신의 정욕'이라고 이야기합니다. 또한 보암직하다는 것을 안목의 정욕이라고 했습니다. 다음으로 '지혜롭게 할 만큼'이라는 말을 '이생의 자랑'이라고 말했습니다.

이렇게 우리들이 주의를 끌 것에 대해서 자꾸 관심을 가지며 그게 괜찮을 것 같다는 생각을 하게 하는 것이 바로 죄악으로 가는 길입니다. 이럴 때 우리는 어떻게 해야 합니까? 우리는 예수 그리스도와 함께 십자가에서 죽었고 장사 지낸 바 되었다는 것을 진실로 믿어야 합니다. 장사 지낸 사람을 생각해 보면, 먹고 싶지 않습니다. 먹고 싶은 것이 없습니다. 죽지 않아도 죽을 때 가까워지면 잘 먹지 않으시려고들 합니다. 그런데 죽은 사람이 무엇을 먹고, 무엇이 보고 싶겠습니까? 아름답다고 할 것도 없습니다. 죽은 사람이 저렇게 하면 내가 이 세상에서 자랑할 수 있겠다고 할까요? 그런 것 없습니다. 우리는 이 세상에 대해서 자

랑하고, 이 세상에서 내 눈에 좋다고 하는 것들을 모두 없앤 사람들입니다. 우리는 그런 것과 담쌓은 사람들입니다. 그렇다고 아무것도 안 하는 사람들이 아니라, 열심히 사는 사람들입니다. 하나님의 영광을 위해서 열심히 삽니다. 이것이 우리의 삶입니다. 그러니까 이 세상 사람들처럼 이 세상에서 내가 잘되기 위해 사는 것이 아닙니다. 그런데 우리들 중 대부분은 우리의 자녀들도 이 세상이 잘 되도록 하기 위해 공부하라고 합니다. 우리는 가끔 이렇게 야단을 칩니다. '공부해서 남 주냐.'라고 말입니다. 이것은 잘못된 것입니다. 우리 아이들은 남 주기 위해 공부해야 합니다. 그 공부가 자기 자신만 잘 되기 위해 해서는 안 되는 것입니다. 우리는 결국 어떤 사람들입니까? 이 세상에 대해서는 죽은 사람들입니다. 그렇기 때문에 예수 그리스도의 십자가와 부활이 우리의 모든것의 근거가 되는 것입니다. 우리는 그리스도와 함께 죽었고, 그리스도와 함께 살아났습니다. 그리고 이제는 왜 사는 것입니까? 우리를 위해서 자기 자신을 희생하신 우리 주 예수 그리스도를 위해서 사는 것입니다. 하나님의 영광을 위해서 삽니다.

마지막 정리

우리가 해야 할 첫 번째 일이 바로 할 수 있는 한 죄악을 멀리하는 것입니다. 죄를 짓지 않으려는 마음이 우리에게 있어야 합니다. 그것을 위해 우리가 세 가지를 공부했습니다. 첫 번째 우리 마음속에 의심의 구름을 없애야 합니다. 책을 읽어도 의심이 일어납니다. 믿으려고 성경책을 읽어도 의심의 눈으로 보는 분들이 있습니다. 그러면 안 됩니다. 신학에서도 이 세상의 영향을 받아서 유행하는 해석학의 눈으로 바라보는 '의심의 해석학'이라는 것이 있습니다. 그러나 신학은 의심의 해석학으로 바라보아서는 안 됩니다. 다른 것에는 의심의 해석학을 적용해야 합니다. 그러나 성경에 대해서는 의심해서는 안 됩니다. 성경이 하나님의 말씀을 전하며 우리는 그것을 신뢰하고 그것에 동의해야 합니다. 우리는 '신뢰와 동의의 해석학'으로 하나님께서 말씀하시면 '아멘, 그렇습니다.'라고 해야 합니다. '옳습니다. 그렇게 되기를 원합니다.'라고 해야 합니다. 그런데 '주님 이거 잘 모르겠는데요?' 해놓고 한참 지나면 목사님이 그와 관련된 설교를 해 주실 것입니다. 그러면 어떤 날은 목사님의 설교와 옛날에 생각했던 것들이 연결되어서 깨달음이 오기도 합니다. 그러니 처음부터 "하나님 저 이것을 안 믿어요." 그러시면 안 됩니다. 못 믿는 것이 있다면 그냥 내버려 주십시오. 언젠가는 해결될 것입니다. 그래도 해결되지 않는 것이 있다면, 그것은 하늘에 가면 해결됩니다. 하늘에 가면 봄날에 눈 녹듯이 우리의 모든 의심이 다 사라집니다.

지금 이 자리에서부터 시작합시다. 첫 번째 우리의 마음속에 무엇을 없애야 합니까? 의심을 없애야 합니다. 두 번째는 우리의 마음속에 죄악으로 가려고 하는 마음이 없도록 해야 합니다. 그래서 성경이 이야기하는 대로 하나님의 말씀대로 따라야 합니다. 우리가 이 세상에서 어떻게 되겠다는 그 마음을 우리 안에서 없애야 합니다. 하나님의 말씀과 사탄이 말하는 것은 완전히 대조적인 것입니다. 하나님은 반드시 죽는다고 했는데 사탄은 먹어도 죽지 않는다고 했습니다. 이렇게 대조적입니다. 만일 사탄이 처음부터 하와에게 하나님의 말씀과 대조적인 이야기를 했다면, 오히려 '하나님의 말씀을 들어야 합니다.'라고 했을 것입니다. 그런데 맨 처음 의심의 씨앗이 뿌려지고 나니 하나님의 말씀과 대립한 것에 대한 의식이 없어지게 됩니다. 하나님의 말씀과 이 세상의 말이 대립적이라면 어느 것을 따라야 합니까? 하나님의 말씀을 따라야 합니다. 그것이 죄악으로 가지 않는 것입니다. 주님께서 그런 마음을 우리 가운데 허락해 주시기를 바라야 합니다.

두 가지 말씀을 드렸습니다. 먼저, 우리 마음속에 죄를 무섭게 여기는 마음이 있어야 한다는 것입니다. 죄에 대한 형벌도 참으로 무섭다는 것을 알아야 합니다. 그것을 절실히 느끼면 느낄수록 예수 그리스도의 구속에 대해서 감사하게 됩니다. 다음으로 우리는 무엇을 피해야 합니까? 죄를 피하려고 해야 합니다. 우리는 타락한 현실 가운데 살고 있습니다. 타락한 세상의 구조가 우리를 감싸고 있습니다.

그러나 우리에게는 이제 타락의 영향력이 아닌 하나님의 뜻을 향해 나아갈 수 있는 성령의 인도하심과 능력이 있습니다. 다른 쪽 사람들은 자신이 하나님의 뜻을 수행함으로써 구원을 얻을 수 있다고 생각합니다. 그러나 우리는 이미 주께서 우리를 구원해 주셨기 때문에 우리는 "내가 구원받을까, 받지 않을까, 그것은 죽어봐야 안다"고 해서는 안 됩니다. 예수를 안 믿는 사람은 죽어도 희망이 없습니다. 예수를 믿는 사람들은 죽어봐야 아는 것이 아니라, 이미 주께서 우리를 그의 백성으로 만들어 주셨고 우리는 헌신된 사람으로 죄를 피하여 갈 수 있는 마음이 우리 안에 있는 것입니다. 성령님에 의존해서 하는 이러한 노력들이 우리를 움직여 갈 수 있기를 바랍니다. 그러나 그런 노력의 결과가 결코 어떤 공로가 되는 것이 아님을 분명히 해야 합니다. 우리는 성령님께 의존해서 열심히 하되, 그 열심히 한 것이 결국 우리 안에서 주께서 하신 것임을 인정해야 합니다.

제3강

창조와 그 의미

들어가면서: "샬롬"과 "할렐루야"

예수님을 믿는 사람들은 인사할 때 때때로 "샬롬"(shalom)이라고 인사합니다. "샬롬"은 유대인들이 하나님 앞에서 하는 사람들 사이의 인사입니다. 그 내용은 어떤 면에서 우리가 "안녕하세요"라고 인사하는 것과 비슷합니다. 우리는 누군가를 만나면 "안녕하세요?"라고 묻고, 누군가와 헤어질 때 "안녕히 가세요"라고 합니다. 이 인사말을 축약하면 "안녕"이 됩니다. 유대인들은 그 '안녕'이라는 뜻을 가지고 만났을 때도 "샬롬", 헤어질 때도 "샬롬"이라고 합니다. 오늘날 우리가 '안녕'이라고 하듯이 쓰는 것이지요. 하지만 "샬롬"의 본래 의미는 "하나님께서 당신을 평안하게 해 주셨기를 바랍니다."입니다. 헤어질 때에도 "하나님께서 당신에게 평안을 주시기 원합니다."는 뜻으로 "샬롬"이라고 인사하는 것입니다. 즉, 하나님이 없으면 평화가 없다는 것입니다. 그런데 이제는 상당히 많은 유대인들도 이런 의미를 버리고 "샬롬"이라는 의미심장한 말을 일상적으로 그냥 사용하기도 합니다.

우리가 "안녕"이라고 인사하는 것에도 '하나님께서 당신에게 안녕을 주셨기를 바랍니다.' 라는 뜻이 있습니다. 그러니 하나님께서 없으시면 당신은 안녕하지 않은 것이라는 의미입니다. 우리에게 참 좋은 인사입니다. 성경 가운데 예수님께서 '평안하뇨?'라고 인사하는 장면이 있습니다. 그것이 바로 "샬롬"입니다.

유대인들이 사용하는 말 가운데 또 우리가 잘 사용하는 말로 "할렐루야"라는 말이 있습니다. "여호와를 찬양하라"는 말이지요. "샬롬"은 인사말인데, "할렐루야"는 인사말은 아닙니다. 그러니 우리가 누군가를 만났을 때 "할렐루야"라고 하면 안 됩니다. 만약 그렇게 했다면, 예를 들어서, 찬송을 하나 부르셔야 합니다. "여호와를 찬양하라"고 했기 때문입니다. "여호와를 찬양하라"고 말하고, 찬송을 안 한다는 것은 이상하겠지요? "할렐루야"라는 말은 인사말이 아님을 철저히 기억하시면 좋겠습니다. "샬롬"은 인사말이고 그 말 속에는 평안하려면 "하나님이 함께하셔야 한다"는 뜻이 있음을 잊지 말기 바랍니다.

우리의 출발점인 창조

이제 우리는 하나님께서 처음에 하신 일에 대해 생각해 보겠습니다. 바로 '창조'에 관한 이야기입니다. 이것은 정말 놀랍고 신비한 일입니다. 여러분 중에 하나님이 창조하시는 상황을 지켜보신 분이 계십니까? 아무도 없습니다. 맨 처음 지어진 사람인 '아담'도 하나님께서 창조하시는 것은 못 봤습니다. 하나님께서는 땅의 흙으로 아담을 만들었다고 성경의 창세기 2장에 기록되어 있습니다(창 2:7). 맨 처음 하나님께서 만들어 놓은 아담의 피부를 만지면 마치 우리의 피부와 같았을 것입니다. 아니 우리의 피부보다 더 좋았을 것입니다. 아담은 타락하지 않았고, 후패하지 않았기 때문입니다. 우리가 태어나고 점점 자라면서 일정 시간이 지나면 우리에게는 노화 현상이 나타납니다. 하나님께서 아담을 흙으로 지으셨고, 그때 아담은 움직이지 않았습니다. 그다음 하나님께서 그 "코에 생기를 불어 넣으셨다"고 성경이 말합니다(창 2:7). 우리는 이 내용을 읽고 '하나님께서 아담의 코에 입으로 생기를 불어 넣었다'라고 생각합니다. 그런데 하나님께서는 입으로 아담의 코에 바람을 불어 넣으신 것은 아닙니다.

성경에서 하나님은 '영'이라고 했습니다. 영은 눈, 코, 입, 손, 발이 있는 것이 아닙니다. 여러분이 죽어서 하늘에 갔을 때 하나님께서 몸을 가지시고 보좌에 앉아 계십니까? 하나님께서는 나이가 많으시니까 백발이겠지요? 그렇지 않습니다. 하나님께서는 몸이 없습니다. 그러면 하나님은 얼굴만 있으신 것일까요? 아닙니다. 하나님은 영이십니다. 영이신 하나님은 보이지 않습니다. 우리가 죄인이기 때문에 하나님이 안 보이는 것이 아니고, 하나님은 근본적으로 보이지 않으십니다. 하나님은 "어떤 사람도 보지 못하였고 또 볼 수 없는 이시니"(딤전 6:16)라고 성경은 분명히 말하고 있습니다.

사람들은 흔히 안 보이는 것은 없는 것이라고 생각하려고 합니다. 타락한 사람들은 하나님께서 계신다는 것을 알 수 없는데, 아담은 타락하기 전이기 때문에 하나님이 안 보여도 하나님이 계심을 아주 명확히 의식하고 있었습니다. 눈에 보이지 아니하시는 그 하나님께서 아담을 만드시고, 그 사람의 코에 생기를 불어 넣자 그가 움직일 수 있었습니다. 이 부분이 바로 다른 동물을 창조하신 것과 다른 점입니다. 예를 들어서, 하나님께서 바닷속에 물고기를 만드셨을 때 물고기는 창조되자마자 움직였습니다. 새도 마찬가지였습니다. 그래서 성경에서는 '동물'을 '움직이는 존재'라고 표현했습니다. 여기 사용된 '네페쉬 하야' (חַיָּה נֶפֶשׁ)라는 말은 동물이라는 뜻입니다. 살아 움직이는 존재입니다. 하나님께서 물고기를 만들어 놓았을 때 살아 움직이지 않습니까? 살아 움직이는 존재를 성경에서는 '생물'이라고 번역했습니다. 그래서 바닷속에 생물이 있게 하셨다는 것입니다. 하늘에 생물('네페쉬 하야', חַיָּה נֶפֶשׁ)이 있게 하셨습니다. 이렇게 각종 생물이 있게 하셨다고 성경이 말합니다.

     그런데 그 가운데 가장 놀라운 존재인 사람은 맨 처음에 만들어 놓았을 때 움직이지 않았습니다. 하나님께서 그 코에 생기를 불어 넣으시자 그제서야 사람이 움직이는 존재("네페쉬 하야," 즉 생물)가 되었습니다. 사람은 이와 같이 다른 것과 달리 특별하게 창조된 것입니다. 놀라운 일입니다. 우리말 성경에는 "생령이 된지라."라고 직역해서 이것을 영적으로 생각하는 경향이 있는데, 성경에 의하면 사람만 '네페쉬 하야'가 아닙니다. 다른 '네페쉬 하야'가, 즉 동물들이 있기 때문에 이것을 "생령"이라고 번역하지 않는 것이 더 좋습니다. 다른 것들은 만들자마자 움직였는데, 우리는 가만히 있다가 성경적 표현에 따르면 '그 코에 생기를 불어 넣었을 때' 비로소 동물(נֶפֶשׁ חַיָּה), 즉 살아 움직이는 존재가 된 것입니다. 아담도 살아 움직이는 존재가 되어 일어났습니다. 그런데 자기 앞에 하나님이 안 보입니다. 여러분에게 하나님이 안 보이듯이 아담에게도 안 보였습니다. 이런 상태에 있으면 예수님을 믿지 않는 사람들은 하나님이 '없다'고 생각합니다. 이 세상에는 보이지 않는 것들은 '없다'고 생각하려는 사람들이 있습니다. 그 영향을 받아서 예수님을 믿는 사람들 가운데에서도 안 보이면 '없다'고 생각하려 합니다. 그러나 성경을 믿는 우리들은 그래서는 안 됩니다. 하나님께서는 안 보여도 계십니다. 아담은 자기 앞에 온 세상을 만드신 하나님께서 계시다는 것을 즉각적(卽刻的), 또는 직각적(直覺的)으로 압니다.

창조를 아는 방법

그런데 우리는 타락했기 때문에 하나님도 인정하지 않고, 그 하나님께서 어떻게 세상을 만드셨는지도 모릅니다. 그렇다면 이 세상이 어떻게 시작되었는지를 알 수 있는 방법은 무엇일까요? 히브리서 11장 3절 말씀을 읽어 보겠습니다.

> **"믿음으로 모든 세계가 하나님의 말씀으로 지어진 줄을 우리가 아나니 보이는 것은 나타난 것으로 말미암아 된 것이 아니니라"**(히브리서 11:3)

이 말씀에 의하면, 우리가 무엇으로 창조에 대하여 안다고 말하고 있습니까? 바로 '믿음'으로 모든 세계가 하나님의 말씀으로 지어진 것을 안다고 합니다. 믿는 사람들은 그렇습니다. 하나님께서 이 세상을 만드신 것, 그것도 말씀으로 지으셨다는 것을 믿음으로 아는 것입니다. 아담은 타락하기 전에 믿음이 있었습니다. '타락'은 결국 믿지 않는 존재가 된 것입니다. 사람들이 하나님과 그의 말씀을 믿지 않기 시작한 것입니다. 그것이 타락의 시작입니다. 믿지 않기로 한 사람은 계속해서 더 믿지 않지 않는 데로 나아갑니다. 그리고 급기야 "하나님은 없다"고 주장하는 데까지 갑니다. 아담이 타락했을 때 바로 "하나님은 이제 없습니다."라고 하지 않은 것처럼 사람이 타락했을 때 처음부터 하나님이 없다고 말하지는 않습니다. 가인은 자기 동생을 죽인 심각한 죄, 즉 인류 최초의 살인을 저지르는 죄악을 행하고도 "내 벌이 심하다"고 하나님과 이야기합니다. 그 이야기가 결국 "내가 잘못했습니다."로 가야 하는데 그렇지 않은 것이 문제입니다.

이와 같이 타락한 사람은 세월이 한참 지나면서 점점 더 하나님을 안 믿는 방향으로 나가게 되고, 결국에는 하나님이 눈에 안 보이니 "하나님은 없다"고 주장하는 데까지 가게 됩니다.

그러나 우리는 믿음으로, 모든 세계가 하나님의 말씀으로 지어진 줄 알아야 합니다. 제가 창조 이야기를 맨 마지막에 하는 이유가 여기에 있습니다. 하나님께서 행하신 순서로 말하면 창조에서부터 이야기를 시작해야 합니다. 하나님께서 이 세상을 창조하셨고, 인간들은 이것을 다 망가뜨려 버렸습니다. 좋은 것들은 다 하나님 손에서 나왔는데, 인간은 파괴했습니다. 이것이 앞서 말씀드렸건 '죄'에 대한 이야기입니다. 그런 사람들을 예수 그리스도께서는 십자가의 보혈(寶血)로 값 주고 사셨습니다. 즉, 구속(救贖)하셨습니다. '구속'에 대해 먼저 이야기했던 것은 우리가 창조부터 알고 예수를 믿게 된 것은 아니기 때문입니다. 우리는 구원에 대해서도 성경을 따라 믿었습니다. 그렇기 때문에 다른 모든 것들도 성경을 따라 알아야 합니다.

아담 때에는 아직 성경이 없었습니다. 따라서 이때에는 아직 기록되지 않은 하나님의 계시를 따라서 알아야 합니다. 나중에 모세 때부터 성경이 기록되었습니다. 왕은 성경을 가지고 늘 묵상하도록 되어 있습니다(신 18:18-20). 그때 백성들, 즉 이스라엘 사람들은 자신의 집에 성경을 가지고 있지 못했습니다. 큰 대회로 모여 있을 때나 들을 수 있는 이야기가 성경 이야기였습니다. 그래서 백성들이 모여 있을 때, 성경 말씀을 읽고 설명해 주는 것이 제사장의 역할이었고, 후대는 성경학자들인 서기관들의 역할이었습니다.

하지만 지금 우리는 성경을 각 집에 가지고 있습니다. 그렇다면, 우리는 당연히 성경을 존중하고 열심히 읽어야 하겠지요? 우리나라에 성경의 일부가 번역되어 나왔을 때 한국 사람들이 선교사들을 찾아가 이 성경을 전부 다 번역해 달라고 졸랐습니다. 이처럼 우리의 '믿음의 선배들'은 진짜였던 것이지요. 정말 진심으로 성경을 알기 원했습니다. 그래서 선교사들은 그들의 진심을 보고서 두 가지 일을 했습니다. 그 하나는 성경을 전부 다 번역하는 일을 하였습니다. 이렇게 매우 놀라운 일을 짧은 시간 내에 감당한 것입니다. 그리고 둘째로 그렇게 번역된 성경 내용을 사람들에게 알려 주는 역할을 했습니다. 이것을 '사경회(查經會)'라고 합니다. 우리가 하는 '봄 사경회', '가을 사경회'도 성경을 잘 조사해서 그 내용을 알아 가는 과정입니다. 우리가 모여서 성경을 차례차례 공부해 갈 때 도움을 주시는 분이 성령님이십니다. 성령님이 없이는 성경을 알 수 없습니다. 성령님께서 우리로 하여금 이 성경 말씀을 매우 귀중하게 여겨서 그 말씀대로 생각하게 하십니다. 그래서 우리는 언제나 성경과 성령을 꽉 붙들고 있어야 합니다. 우리에게 성경을 주신 분이 성령님이십니다.

성령님 없이는 성경이 주어지지 않습니다. 또한 성경을 가지고 우리에게 은혜를 베푸시는 분도 성령님이십니다. 따라서 우리가 성경책을 읽고서 자신은 성령님과 상관없다고 한다면 은혜를 못 받은 것입니다. 은혜를 주시는 주체는 성령님이십니다. 우리는 그것을 성경 말씀을 통해서 알게 됩니다.

시편 8편은 창조를 바라보면서 하나님 앞에 하는 찬양입니다. 그 한 부분에서 시인은 이렇게 선언합니다.

"주의 손가락으로 만드신 주의 하늘과 주께서 베풀어 두신 달과 별들을 내가 보오니"(시편 8:3).

하나님께서 온 세상을 창조하셨다는 것을 아마도 이 시편을 쓴 다윗이 어떻게 알았을까요? 다윗도 우리가 살펴볼 창세기를 배워서 알았던 것입니다. 다른 방법이 없습니다. 이 세상에 아주 뛰어난 사람도 하나님께서 어떻게 창조하셨는가를 알기 위해서는 성경을 보아야 합니다. 다른 뾰족한 수가 없습니다. (1) 성령님께서 우리를 성경을 통해서 믿게 하십니다. 그리고 (2) 그것에 따라서 우리는 믿습니다. 이 두 가지가 모두 중요합니다. 성령님께서 우리로 하여금 믿게 하신다는 것을 우리는 인정해야 합니다. 그러니까 내가 믿을 때 '내가 똑똑해서 믿는다.'고 생각하면 안 됩니다. 우리를 그냥 내버려 두었으면 타락한 사람들이고 안 믿는 사람들이었을 것입니다. 이것을 잘 보여 주는 우리 이웃이 많지요? 여러분이 열심히 전도해도 믿지 않는 사람들이 많이 있습니다. 타락한 인간은 원래 그렇고, 우리도 그랬을 사람입니다. 그런데 성령님께서 어느 순간에 은혜를 베푸셨을 때 그때 우리가 "믿습니다."고 말하게 되었습니다.

진화에 대한 이 세상의 믿음과
창조에 대한 우리들의 믿음

이 세상이 어떻게 이루어진 것일까에 대한 답을 스스로 생각해 낸 사람은 아무도 없습니다. 물론 이 세상에서 만들어 낸 신화는 있습니다. 이러한 생각을 체계화한 것의 하나가 1859년에 찰스 다윈(Charles Darwin, 1809-1882)이 낸 『종의 기원』(*The Origin of Species*)이라는 책입니다. 이 책에서부터 소위 말하는 '진화론'이라는 학설이 나타났습니다. 그러니 이 이론이 나온 지 166년밖에 되지 않습니다. 이 책의 내용은 오늘날 나타나는 진화론보다는 좀 더 유신론에 가깝기는 합니다. 찰스 다윈은 '적어도 맨 처음 종 하나는 하나님께서 만드셨다'는 믿음이 있었습니다. 그 하나로부터 뻗어 나와 세상의 여러 종류의 생명체들이 나타나지 않았을까 하고 생각하던 사람이 찰스 다윈입니다. 그래서 이 책의 이름을 '종의 기원'이라고 했습니다. 그러므로 다윈은 일종의 유신진화론자라고 할 수 있습니다. 그런데 그 뒤의 사람들은 최초의 '종' 하나를 하나님이 만드셨다는 사실도 믿지 않기 시작합니다. 그래서 무신론적 진화론이 자리 잡기 시작했습니다.

물론 이것도 과학적으로 증명된 것은 없습니다. 그런 것을 신화라고 합니다. 그런 신화가 어떻게 만들어지는

지를 설명하면 다음과 같습니다. 아주 뛰어난 과학자가 이 세상은 "아마도 이렇게 시작된 것 같다"고 자신의 추론을 제시합니다. 그때 그는 자신이 그것을 확실히 안다고 말하지 않습니다. 그저 자신의 추론을 말하는 것입니다. 예를 들어서, "잘 모르겠는데 이 세상이 큰 폭발에 의해서 시작된 것이 아닐까?"하는 제안을 합니다. 우리는 그것을 '빅뱅 이론'(big bang theory)이라고 명명합니다. 실제 커다란 폭발이 일어났는지에 대해서는 아무도 모릅니다. 혹시 그렇게 되지 않았을까 하는 가설(hypothesis)일 뿐입니다. 그 후에 '큰 폭발(big bang)로 시작된 그 세상에 어떻게 하다 보니 우연히 최초의 생명체가 있게 되었고, 또 어떻게 하다 보니 우연히 그것으로부터 사람이 존재하게 되었다'는 추론으로 이어집니다. 여기에서 제일 중요한 것은 '우연'입니다. 분명히 유명한 과학자는 가설로만 이야기했습니다. 그런데 이 내용을 책에서 본 사람들은 "유명한 과학자가 그러는데 이 세상은 커다란 폭발로 시작됐대."라고 전달합니다. 그리고 또 이야기가 덧붙어 "이것은 아주 유명한 과학자가 한 말이니까 분명한 사실이야."로 바뀝니다.

　　사실 과학자 중에 이 세상이 어떻게 시작되었는가를 집중적으로 연구하는 사람은 거의 없습니다. 과학자들은 대개 한정된 자신의 전문 분야에 대해서만 탐구합니다. 그래서 세상이 만들어지는 것과 관련된 학설은 "나는 잘 모르는 이야기입니다만"으로 시작됩니다. 과학자들은 사실이라고 말한 적 없는 내용들이 다른 사람들에 의해서 사실이 되어 전해집니다. 이렇게 진화론이라는 커다란 믿음이 166

년 전에 시작되어 사람들의 생각을 지배하고 사람들로 하여금 지금까지 그렇게 생각하게 만들고 있습니다.

하지만 하나님을 믿는 우리는 이 세상이 어떻게 시작되었는지를 확실히 알 수 있는 사람들입니다. 바로 성경적 믿음을 가졌기 때문에, 예수님을 믿기 때문에 그렇습니다. 그분은 온 세상을 창조하신 그 하나님이십니다. 우리가 예수님을 믿을 때도 성경을 따라 믿었기 때문에 우리는 이 세상이 어떻게 창조되었는지도 성경을 따라, 성경이 이야기하는 대로 알아야 합니다. 이것이 우리의 출발점입니다. 우리는 믿음으로 출발합니다. 믿음으로 출발하는 사람은 하나님은 온전히 믿으니, 히브리서에서 "믿음으로 모든 세계가 하나님의 말씀으로 창조된 줄을 우리가 아나니"(히 11:3)라고 말한 대로 이 세상의 창조를 믿음으로 알게 됩니다. 믿는 것과 아는 것을 분리시키려는 분들이 이 세상에는 많이 있습니다. 그러나 참으로 믿는 사람은 믿음과 지식을 자꾸 분리시키려 하지 않고, 믿음으로 아는 것입니다. 우리는 모든 것을 성경이 이야기한 대로 알아야 합니다.

성경이 말하는 창조

창세기 1장 1절에 보면 '태초에'라는 말이 나옵니다. "태초에 하나님이 천지를 창조하시니라."(창 1:1). 이것으로 모든 문제를 해결한 사람이 많이 있습니다.

저 또한 들었던 이야기를 하나 여러분께 전달합니다. 어떤 분이 대학교 다닐 때 대학교 내의 불교 학생회에서 열심히 활동하셨다고 합니다. 불교의 여러 가르침을 잘 배우고 있었는데 불교에서 도무지 이야기해 주지 않는 것이 있었다고 합니다. 불교에서는 이 세상이 진행해 가는 과정은 설명해 주는 것 같은데, 이 세상이 어떻게 시작되었는지에 대해서는 말해 주지 않았다고 합니다. 불교 이론에 의하면 여기에 있는 우리들은 형편이 모두 다릅니다. 전생(前生)에서 우리가 어떻게 살았느냐에 따라서 어떤 사람은 남자로, 어떤 사람은 여자로 태어났다고 보는 것입니다. 특히 불교가 시작된 인도에서 남자와 여자의 차이는 천지 차이입니다. 그러니까 전생에 나쁘게 산 사람은 여자로 태어났다고 보는 것이 불교의 생각입니다. 그리고 더 나쁘게 산 사람은 짐승으로 태어났다고 보는데 이런 것을 '윤회(輪回)'라고 합니다. 이 세상에 있는 것들이 어떻게 이루어진 것인지에 대해서 나름대로 설명을 하는 것입니다. 이것이 불교가 말하는 '인과'에 의한 설명입니다. 소위 '카르마'(karma), 즉 불교에서 말하는 '전생의 업보'라는 것입니다. 그런데 이 세상이 어떻게 시작되었는지에 대해서는 별로 말을 하지 않아서, 그분이 이것에 대해 궁금해 하였습니다.

그러다가 그분이 호주에 가게 되었습니다. 그런데 호주에 가서 사는 중에 큰 교통사고를 당했습니다. 그래서 병원에 한동안 입원해 있어야 하는 상황이 되었습니다. 그래서 심심하기에 병실에 성경책이 있어서 펴서 읽어 보았다고 합니다. 처음 읽은 부분이 창세기 맨 앞에 나오는 "태초에 하나님이 천지를 창조하시니라."였습니다. 여기서 자기가 여태까지 궁금해하던 문제가 한 번에 해결되었답니다. 이것은 놀라운 일입니다. 그분은 믿는 사람이 아니었는데 그 순간에 믿음이 생긴 것입니다. 그 후로 그분은 성경에 따라 예수님을 믿고 예수님을 잘 전하시는 분이 되었다고 합니다.

예수님을 믿는 사람들 중에도 성경을 열심히 읽고서도 의미 있게 생각하지 않는 사람들도 굉장히 많은데, 그분은 불교도였었고 이것을 읽기 전까지는 믿음도 없었는데, 읽는 순간에 믿음이 생기고, 너무 궁금했던 인생의 많은 문제를 해결하게 된 것입니다. 불교에서는 이 세상에서 좋은 삶을 살고 나중에 괜찮은 사람으로 다시 태어나고, 언젠가 그 과정 속에서 부처(Buddha)가 되는 것을 목표로 생각합니다. 이것이 불자(佛子)들의 목표입니다. 부처가 되는 것이 목표입니다. 우리는 인사할 때 '샬롬'이라고 하지만, 불교도들은 합장(合掌)하고 인사할 때, "성불(成佛)하세요."라고 말합니다. '성불한다'라는 것은 부처님이 되라는 것입니다. 가끔 스님을 만났을 때, "불자들 가운데 부처님이 되려고 하시는 분들이 얼마나 되십니까?"라고 여쭤봅니다. 그럼 도를 이룬 정도가 낮은 스님들은 막 화를 내십니다. "무슨 질문을 그렇게 합니까?"라고 하지요. 그런데 도가 높은 스님들은 '껄껄' 웃으시면서 "그렇게 가르치기는 하는데 별로 없네요."라고 합니다. 불자(佛者)들의 목표가 부처가 되는 것이라고 했는데, 부처의 목적은 이 세상에 어렵게 사는 사람들을 바른길로 인도하려고 하는 것입니다. 그것을 중생(衆生)을 제도(濟度)한다고 하지요. 모든 사람이 그러한 부처가 되도록 하는 목표를 가지는 것입니다.

그런 불교도에게 해결되지 않았던 숙제가 성경책을 읽고 풀렸듯이, 예수님을 믿고 성경을 믿는 사람들인 우리에게 성경의 가르침이 매우 중요한 것입니다. 나는 하나님은 믿는데 성경은 안 믿는다고 하면 안 됩니다. 하나님을 믿는 사람은 성경을 믿어야 합니다.

만일에 여러분이 하나님께 "하나님, 제가 하나님을 한 50% 믿어 드릴게요."라고 한다면 하나님께서 안 믿는 것보다는 낫다면서 좋아하실까요? 이것이 얼마나 말이 안 되는 이야기인지 생각해 보겠습니다. 부부 사이에 "나는 당신을 95% 사랑합니다."라고 말한다면 좋아할 배우자는 아무도 없습니다. 사실 95%면 굉장히 많이 좋아하는 것임에도 말입니다. 그 5% 때문에 밤새도록 싸우면서 이야기할 수 있습니다. 마찬가지로 우리 하나님께 "제가 하나님을 50% 사랑합니다, 아니 95% 사랑합니다"라고 한다면 하나님께서 만족하실까요? 만족하지 않으십니다. 하나님께서 우리를 사랑하실 때 전체를 내어 주시고 사랑하셨다는 것을 잊지 말아야 합니다. 우리 하나님께서는 그의 사랑하시는 아드님을 우리에게 주셨습니다. 전부를 주신 우리 하나님께서는 우리 전부를 요구하십니다. 그래서 우리는 참으로 헌신하는 사람이 되어야 합니다. 우리의 마음, 우리 존재의 일부만을 하나님께 드리고 우리가 많이 드렸다고 해서는 안 됩니다. 하나님은 뭘 더 원하시냐고 해서는 안 됩니다. 우리는 우리의 존재 전체가 다 주님의 것임을 알아야 합니다. 이러한 의식을 가져야 합니다. 내 존재, 내 시간, 내 인생, 이 모든 것이 사실은 내 것이 아님을 알아야 합니다. 이 모든 것이 하나님의 것이기에 하나님을 믿을 때 우리는 전부를 드려야 합니다.

따라서 성경이 말하는 전부를 믿어야 합니다. 99% 정도가 아니라 100% 믿으셔야 합니다. 우리가 하나님을 믿는 이 마음으로 똑같이 성경을 믿어야 합니다.

우리 한국 교회 교인들이 요즈음 이상한 성향을 나타내려고 합니다. 열심히 믿는 분들도 성경을 추상적으로 믿습니다. 구체적으로는 안 믿으려고 하는 성향을 나타내는데, 이것은 사실 안 믿는 것과 같습니다. 성경을 100% 믿어야 합니다. 성경 전체, '토타 스크립투라'(*Tota Scriptura*)를 믿어야 합니다. 말은 그렇게 하면서도 성경을 공부해 본 일이 없는 분들이 많습니다. 믿는 우리는 성경을 공부해 가야 합니다. 적어도 일주일에 네 번씩은 성경을 공부하는 것입니다. 주일 아침 예배와 주일 오후 예배, 수요일 기도회, 금요일 기도회를 통해서, 이와 같이 일주일에 네 번씩은 우리가 죽을 때까지 성경을 공부해야 합니다. 교회 공동체의 모임은 결국 성경을 공부하는 모임이어야 합니다. 그렇게 하지 않을 때 우리는 실상 교회 공동체로서의 모임을 하는 것이 아닙니다. 교회 공동체는 어떤 의미에서 졸업이 없는 학교입니다. 죽었다고 해서 이 학교를 졸업하는 것이 아닙니다. 믿는 우리들이 죽었다는 것은 우리의 영혼이 어디로 가는 것입니까? 하나님께서 계신 "하늘"(heaven)에 가서 이제 '저자 직강'을 듣게 된다는 것을 의미합니다. 이 땅에서는 목사님들이 성경에 대해서 설명해 주셨는데, 하늘에서는 하나님께서 직접 설명해 주십니다. 그래서 우리는 말씀을 더 잘 알게 될 것입니다. 우리는 죽어서도 계속 공부하는 것입니다. 물론 죽은 후에 공부하는 방식은 지금 우리가 성경을 공부하는 것과는 다를 것입니다.

이 세상에서 우리는 계속해서 성경을 공부해야 합니다. 우리가 성경을 공부하는 목표는 바로 하나님을 더 잘 알기 위해서입니다. 그리고 이때 믿음이 강조되어야 합니다. 성경은 믿음으로 아는 것이기 때문에 다른 방도가 없습니다. 내가 아는데, 안 믿는다는 것은 잘못된 것이며 쓸모없는 것입니다. 진짜는 믿어서 아는 것입니다. '나는 잘 모르는데요, 우리 목사님은 잘 아시니까 우리 목사님께 가서 물어보겠다'는 태도는 일면 좋은 태도이지만, 과연 그렇다면 자신 또한 목사님의 가르침을 받아서 성경을 잘 알아 나가기 위한 노력을 해야 합니다. 그런 노력 없이 세월이 지난다고 해서 그저 우리가 점점 더 알게 되는 것은 아닙니다.

우리가 예수님을 진짜로 믿게 되었을 때, 처음 배우는 것 중에 하나가 '태초에 하나님이 천지를 창조하셨다.'는 선언입니다. 이 선언은 이 세상에 있는 그 어떤 선언보다 가장 놀라운 선언입니다. 우리에게는 3·1 독립 선언이 있습니다(1919). 미국 사람들에는 미국 독립 선언(1776)이 있습니다. 그 밖에도 1789년에 프랑스 사람들의 자유, 평등, 박애라는 선언, UN에서 말했던 세계 인권 선언(1948) 등이 있습니다. 그러나 이러한 선언과는 비교도 할 수 없이 가장 중요한 선언이 바로 "태초에 하나님이 천지를 창조하셨다."라는 이 창조에 대한 선언입니다. 이것이 우리의 출발점입니다. 이것은 우리 존재의 출발점이기도 합니다. 만일에 하나님께서 이 세상을 창조하지 않으셨다면, 우리는 이 세상에 존재하지 않습니다. 하나님께서 창조하시기 전에는 누구만이 존재합니까? 성부, 성자, 성령, 즉 삼위일체 하나님께서 놀라운 교제 가운데에 계십니다. 그 하나님께서는 이 세상을 창조하지 않으실 수도 있었습니다. 창조하지 않으셔도 문제 될 것은 하나도 없습니다. 하나님께서는 세상을 창조하지 않으셔도 부족할 것이 없으십니다. 이것을 하나님의 자충족성(the self-sufficiency of God)이라고 합니다. 그런데 하나님께서는 우리를 사랑하셔서 결국 이 세상을 창조하셨습니다. 하나님께서 우리를 사랑하지 않으셨다면 창조하실 필요도 없었을 것입니다.

하나님께서 혼자 있기 심심해서 이 세상을 창조하신 것이 아닙니다. '태초에 권태(倦怠)가 있느니라.'는 말을 해서는 안 됩니다. 하나님께서는 성부, 성자, 성령의 놀라운 교제 가운데 계시기 때문에 심심하지 않습니다. 주일학교 어린이들의 말을 활용해서 말하자면, 하나님이야말로 "혼자서도 잘하시는데" 우리는 그 어떤 것도 혼자서 못합니다. 그러므로 우리가 혼자서 잘하려고 해서는 안 됩니다. 아이들이 점점 자라면서 "하나님 이제 저 도와주실 필요 없어요. 혼자서 잘해 볼게요."라고 말한다면 어떻게 될까요? 큰일 납니다. 우리 아이들도 철저히 하나님께 의존해야 합니다. 하나님만이 절대적으로 혼자서도 괜찮으신 분입니다. 하지만 만일 우리가 "내 인생은 내가 알아서 하겠습니다"라고 주장하며 독립성을 주장하는 것은 죄악의 큰 증상입니다. 우리는 그렇게 독립성을 주장하며 살아서는 안 된다는 것을 창세기의 '출발점'이 말하고 있습니다.

맨 처음 창조된 이 세상의 모습

맨 처음 하나님께서 이 세상을 창조했을 때는 이 세상이 어떠한 상황이었을까요? 창세기 1장 2절이 그 내용을 말하고 있습니다.

> **땅이 혼돈하고 공허하며 흑암이 깊음 위에 있고 하나님의 영은 수면 위에 운행하시니라(창세기 1:2).**

"땅이 혼돈하고 공허하며 흑암이 깊은 위에 있고"라는 상황에 대해서 불필요한 의심을 하면 안 됩니다. 쓸데없는 의심을 하는 것은 다른 문제로 이어집니다. 하나님께서 세상을 창조했는데 "왜 혼돈하고 공허하지?"라는 생각에서 어떤 사람들은 1절과 2절 사이를 띄워 놓고 자기 나름대로의 생각을 채워 넣으려고 하기도 합니다. 성경을 잘 믿는다고 하는 사람들도 때로는 이와 관련해서 잘못된 생각을 하기도 합니다. 성경을 보니 천사가 타락해서 사탄이 되었다는 말이 나오는데 언제 타락했다는 이야기는 나오지 않는다는 것을 이 부분에 적용하려는 것입니다. 그래서 천사 세계에서 타락이 일어나서 "혼돈하고 공허하게" 되었고 그래서 "어두워졌다"고 생각하는 것입니다. 이렇게 1절과 2절 사이를 벌리려고 하는 사람들이 있습니다. 그래서 이런 사람들이 말하는 것을 '간격 이론'(gap theory)이라고 합니다. 그러나 이런 생각은 성경을 있는 그대로 받아들이지 않고, 성경에 자신의 생각을 집어넣는 것입니다.

우리는 성경을 있는 그대로 받아들여야 합니다. 하나님께서 맨 처음 세상을 창조했을 때, 혼돈하고 공허했었다는 사실을 있는 그대로 받아들여야 합니다. 혼돈하고 공허했다는 말은 사람이 살 수 없는 상태를 나타낼 때 쓰입니다. 곧 맨 처음 세상을 지어 놓았을 때는 아직 사람이 살 수 있는 상태가 아니었던 것입니다. 그리고 그때는 어둠의 상태였습니다. 그러나 그런 상태의 이 세상을 하나님께서 그냥 내버려 둔 것이 아닙니다.

"하나님의 영은 수면 위에 운행하시니라."고 말합니다. 이것은 낯선 표현이지만 꽤 잘 번역된 표현이기도 합니다. "수면 위에 운행하신다"고 되어 있으니, 그때는 모든 것들이 다 물의 형태로 있었다는 것입니다. 그리고 이 물은 그냥 물이 아닐 것입니다. 그것을 '시원(始原)적인 물'이라고 해보겠습니다. '원시적인 물'이 아닙니다. '원시적'이라는 말과 '시원적'이라는 말은 글자 순서의 차이지만 상당히 의미가 다릅니다. 모든 것이 일종의 시원적인 물 안에 있습니다. 그리고 그 위에 하나님의 '영'이 있습니다. 혼돈하고 공허하고, 흑암 가운데 있지만 그것을 누가 주관하고 있는 것입니까? 하나님의 영이 주관하고 있는 것입니다. 하나님께서 창조하셨기 때문입니다.

말씀으로 창조하심과 그 의미

그리고 그때 하나님의 말씀이 작용합니다. 하나님의 말씀이 작용하고 있다는 것은 매우 놀라운 것입니다. 하나님 말씀이 작용했다는 것에 대해서 우선 창세기 기록은 "하나님께서 '빛이 있으라' 하시니 빛이 있었고"라고 표현하고 있습니다. 하나님의 말씀이 작용하는 것을 이렇게 표현한 것입니다. 이것을 잘못 이해하는 분도 있습니다. 많은 분들이 하나님이 입으로 "빛이 있으라."라고 말한 것이라고 생각합니다. 하지만 하나님께서는 사람처럼 생기지 않으셨다고 했습니다. 그러니까 이것은 하나님께서 입으로 "빛이 있으라."고 말하는 것이 아닙니다. 하나님의 말씀이 작용했다는 것은 하나님 머릿속에 있는 말씀이 작용하는 것임을 잘 이해해야 합니다.

여기서 성경에서 "태초에"라는 말이 언급된 또 한

구절을 생각해 보겠습니다. 요한복음 1장 1절입니다.

"태초에 말씀이 계시니라. 이 말씀이 하나님과 함께 계셨으니 이 말씀은 곧 하나님이시니라."(요한복음 1:1)

여기 "태초에 말씀이 계시니라."라는 말씀이 있습니다. 이 구절이 잘 표현하듯이, '말씀'(Logos)이 곧 하나님이십니다. 그리고 이 말씀이 이 세상에 지어진 모든 것을 있게 하는 것이며, 이 세상이 있는 것이 말씀이 없이는 지어진 것이 없다고 말합니다. 다시 말해 이 세상의 모든 것은 다 말씀으로 지어진 것입니다. 하나님의 말씀으로 지어졌다는 것이 무엇인지 생각해 보겠습니다.

"말씀이 육신이 되어 우리 가운데 거하시매 우리가 그의 영광을 보니 아버지의 독생자의 영광이요 은혜와 진리가 충만하더라"(요한복음 1:14)

요한복음 1장 14절을 보면 "말씀이 육신이 되어 우리 가운데 거하시매"라는 말이 나옵니다. 말씀(Logos)이 육신이 되는 것을 '성육신'이라고 합니다. 아버지의 독생자를 우리들이 '예수님'이라고 하는데 이분은 이 세상이 창조되기 전부터 계셨는데, 예수라는 그 이름은 우리에게 오실 때 붙여진 것입니다.

    태초에 말씀(Logos)이 있었고, 이 말씀 없이 지어진 것은 없었다고 했습니다. 말씀으로 창조하셨다는 것은 성자의 능력으로 이 세상의 모든 것이 있게 되었다는 말입니다. 성자께서 창조의 객관적인 원리로 작용하셨던 것입니다. 그리고 성령님이 수면에 운행하고 계셨다고 했습니다. 성령님이 창조의 주관적인 원리로 작용하는 것입니다.

성부, 성자, 성령이 함께 이 세상을 창조하신 놀라운 일에 대해 다시 한번 생각해 보겠습니다. 맨 처음 세상을 창조했을 때, 세상이 혼돈하고 공허했습니다. 어두웠습니다. 그런데 하나님께서는 내버려 두지 않으셨습니다. 누가 거기에 계십니까? 성령님께서 그 위에 계셨다는 것입니다. "수면 위에 운행하신다."라는 말을 처음 들으면 버스 운행, 지하철 운행 이런 것들이 생각날 수 있습니다. 그래서 성령님이 왔다 갔다 하신 것으로 생각하는 분들이 많습니다. 그런데 이 말과 똑같은 말이 신명기에 가면 "너풀거리신다"고 번역되어 있습니다. 하나님께서 이스라엘 백성들을 잘 인도해 가시면서 광야에서 하나님의 백성답게 이끌어 나가시는 상황을 표현할 때 이렇게 표현하였습니다.

"마치 독수리가 자기의 보금자리를 어지럽게 하며 자기의 새끼 위에 너풀거리며 그의 날개를 펴서 새끼를 받으며 그의 날개 위에 그것을 업는 것 같이"(신명기 32:11)

"독수리가 … 자기 새끼 위에 너풀거리며"라고 표현되어 있습니다. 그러면 거기에 있는 것들이 흩어질 것 아닙니까? 그러니까 어지럽혀졌을 것입니다. 창세기 1장 2절을 "하나님의 영이 수면 위에 너풀거리시니라."라고 번역했으면 더 오해가 많이 생겼을 것입니다. 이러한 관점에서 보면 수면 위에 "운행하시니라"라고 번역한 것은 번역이 잘 된 것입니다. "너풀거린다"는 것은 자기 새끼들을 잘 보호하는 것을 의미하는 말입니다. 이것은 이 세상을 만들던 상황에서 그 처음 창조된 것을 성령님께서 잘 보호하고 있다는 것을 표현한 말입니다.

　　하나님의 말씀이 작용하여 "빛이 있으라"고 했더니 빛이 생기는 것입니다. 하나님께서 물에 생물("네페쉬 하야", 生物)이 있게 하라고 하니 물고기가 있는 것입니다. 하나님께서 말씀하니 그대로 되었습니다. 이때 그 말씀이라는 것이 누구를 말하는 것입니까? 로고스(Logos), 즉 성자를 말하는 것입니다. 성자께서 작용하면 그것이 이루어지도록 누가 피조계에 힘을 주십니까? 성령님께서 힘을 주시는 것입니다. 바로 이것이 하나님께서 이 세상을 창조하시는 과정을 표현하는 말입니다. 창세기가 우리에게 그렇게 이야기하고 있습니다. 그래서 하나님의 창조는 삼위일체의 창조임을 알아야 합니다. 물론 성경을 읽으면서 처음부터 이것을 알 수 있는 사람은 없습니다. 그러나 나중에 예수님을 잘 알게 된 사람, 성령님을 잘 알게 된 사람은 이 세상을 이렇게 삼위일체 하나님께서 창조하셨다는 것을 알 수 있게 됩니다.

　　하나님의 말씀으로 생명이 있게 되었습니다. 우리가

성경을 믿는다면 이것을 믿어야 합니다. 이 세상에서 예수님을 믿는다고 하면서도 이 사실을 믿지 않고 사실로 받아들이지 않는 사람들이 많습니다. 이것이 심각한 문제입니다. 따라서 창세기가 말하는 것을 사실로 받아들이는 것이 매우 중요하며, 이보다 더 중요한 것은 그 사실을 의미 있는 것으로 받아들여야 한다는 것입니다. 그 의미까지를 하나님께서 의도하신 대로 이해하고 받아들이는 것이 중요합니다. 이 세상을 창조하실 때 말씀으로 창조하셨습니다. 하나님의 말씀은 없는 것을 있도록 만들었습니다. 그리고 생명이 있도록 하셨습니다. 이것을 정말 믿으셔야 합니다.

말씀으로 창조하신 것의 "의미를 믿는다는 것의 의미"

여러분이 이 세상을 살다가 어려운 일을 만나서 굉장히 지쳤을 때, "하나님 나를 죽여주세요."라고 말하면 되겠습니까? 자신의 생명은 자신의 것이라 생각하고 내 생명은 내가 마음대로 할 수 있다고 생각하는 것, 이것이 지금 한국의 자살률을 15년 이상 세계 1위로 만들어 놓은 원인입니다. 많은 사람들이 스스로 생명을 끊어 죽습니다. 사망의 행진이 세상에 진행되고 있습니다. 그렇다면 예수님을 믿는 사람들의 자살률은 어떠할까요? 별로 없을까요? 아주 이상하게도 이 세상의 자살률이나 예수를 믿는 사람의 자살률이 비슷하거나 오히려 더 많습니다. 왜 그럴까요? 어떤 사람들은 착각합니다. 나는 예수를 믿으니까 자살해서 죽으면 하늘에 갈 것이라고 말입니다. 그러나 이렇게 생각해서는 안 됩니다. 우리의 생명을 우리가 마음대로 해서는 안 됩니다. 우리는 생명의 창조주가 하나님이시라는 생각을 하고 적어도 교회 공동체 안에서는 자살률을 줄여 나가야 합니다.

그러기 위해서는 어떻게 해야 할까요? 이 세상에 살면서 우울증을 겪는 사람들이 많이 있습니다. 우울증이 있을 때는 먼저 목사님과 상담을 하고 목사님께서 "병원에 가보세요."라고 하신다면 병원에 가셔서 우울증 약을 복용하셔야 합니다. 그러면 적어도 스스로 목숨을 끊지는 않습니다. 우울증 약을 먹는 것에 거부감을 가지지 마시고, 감기약 먹듯 먹어야 합니다.

더구나 예수 그리스도를 진심으로 믿는 사람은 적어도 우리의 생명을 내가 마음대로 할 수 있다고 생각해서는 안 됩니다. 하나님께 우리의 생명을 맡기고 내 생명의 주인은 하나님이시라고 생각하며 살아야 합니다. 그래서 하나님께서 우리에게 생명을 선물로 주신 것이라고 생각해야 합니다. 그리고 우리는 하나님께서 주신 이 생명을 하나님께서 의도하신 대로 살아야 합니다. 자신이 죽어갈 정도의 상황에 있다고 하더라도 우리가 창세기 1장을 믿는 사람들이라는 것을 기억해야 합니다. 하나님께서는 없던 것도 있게 만드시는 능력이 있으십니다. 죽어가던 것도 살리십니다. 우리가 정말 말씀을 믿는 사람이라면 하나님의 말씀을 읽고 죽어가다가도 살아나야 합니다.

그런데 힘든 시기에는 "목사님, 이런 때는 성경도 안 읽혀요, 기도도 안 돼요."라고 말하시는 분들이 많습니다. 사망의 음침한 골짜기에 다니는 것과 같은 힘든 상황이 있을 수 있습니다. 그러면 '주님 이제 끝입니다. 저는 죽을 것입니다.'라는 생각이 들 수도 있지만, 절대로 그렇게 말하거나 그것을 시도해서는 안 됩니다. 하나님의 말씀이 우리를 살리신다는 것을 잊어서는 안 됩니다.

하지만 그 어려움이 없어지지 않는 사례가 있습니다. 대표적인 예가 순교자들의 예입니다. 순교자는 예수님을 열심히 믿고 예수님을 증언하다가 죽었습니다. 다니엘은 사자 굴 속에서 살아 나왔습니다. 그러나 사자 굴에서 사자에게 잡혀 죽은 예수 믿는 사람들은 더 많습니다. 따라서 말씀을 믿었으므로 사자 굴에 가서도 무조건 살아날 수 있다고 생각해서는 안 됩니다. 우리는 사자 굴에서 잡혀 먹힐지라도 하나님을 의뢰해야 합니다. 초대 교회에서 순교당한 성도들의 모습이 바로 그런 것입니다. 그 모습에 이 세상 사람들도 놀랐습니다. 화형당하는 모습을 보며 처음에는 '저렇게 죽는데, 이제 예수 믿는 사람은 없겠지'라고 생각한 것입니다. 사탄도 그렇게 생각했고, 당대의 사람들도 그렇게 생각했습니다. 그런데 예수님을 믿는 사람들이 콜로세움 같은 곳에서 화형당해 죽으면서도 찬송을 부르고 기뻐하며 죽었습니다. 이 세상 사람들은 이해가 되지 않겠지만, 왜 그렇습니까? 바로 믿는 사람은 이 세상이 전부가 아니라는 것을 알았기 때문입니다.

우리는 죽어가면서도 주님을 믿습니다. 나쁜 일이 생겨서 죽음에 직면했을 때도 "여태까지 주님을 믿은 것이 쓸데없다, 하나님을 못 믿겠다"고 하지 않습니다. 우리는 철저하게 하나님을 의존하며 살아갑니다. 정말 주님을 믿는다면 말씀이 우리를 살려내야 합니다. 우리는 창조에 대해 믿는 것뿐만 아니라 창조자 하나님께서는 우리의 생명을 살릴 수 있는 능력이 있다는 것을 믿어야 합니다. 하나님의 말씀은 능력이 있는 것입니다. 그 말씀의 능력은 우리를 오늘도 살게 합니다.

질서 있는 창조

또한 창세기를 보면 하나님의 창조는 매우 질서 있게 이루어집니다. 하나님께서 첫째 날 창조하신 것은 '빛'입니다. 우리는 빛을 창조하고 나면 그 이후로 계속 빛이 있었다고 생각하기 쉬운데, 앞에서 어둠이 있었다고 했습니다. 어둠이 있었는데, 첫째 날 빛이 있는 것입니다. 조금 있으니 또 어두움이 옵니다. 그리고 다시 빛이 오지요. 이렇게 창조하신 것이 '빛의 창조'입니다. 빛의 창조는 매우 놀라운 것인데, 한번 창조된 빛이 계속 있는 것이 아니라 우리 관점에서 볼 때는 빛과 어둠이 반복되어 나타나는 패턴이 계속되는 것입니다. 맨 처음 나타난 어둠과 빛, 이것이 첫째 날입니다. 그리고 다시 어둠이 오고, 빛이 오는 것이 둘째 날입니다. 유대인들은 이 흐름을 따라서 날짜 계산을 할 때 어두워질 때부터 계산합니다. 만약 오늘이 금요일이라면 우리에게 내일은 토요일입니다. 유대인 식으로 생각하면 금요일 저녁 어두워졌을 때가 토요일이 됩니다. 유대인들은 토요일을 안식일이라고 합니다. 성경의 이 말씀을 따라서 안식일은 금요일 어두워졌을 때부터입니다. 유대인들은 왜 이렇게 계산하기 시작했을까요? 아마도 성경의 표현이 그랬기 때문일 것입니다. 어두웠다가 빛이 있었던 패턴(pattern)이 계속된다고 했습니다. 맨 처음 흑암이 있었는데, 그 상황에서 얼마 후에 빛이 있게 하셨다고 했습니다.

나중에 생각해 보니 이것은 사람은 좀 쉴 스 있도록 하기 위해서 주어진 패턴입니다. 우리는 어두운 시간에 세상을 밝게 해놓고 밤에도 늦게까지 무엇인가를 하려고 하는데, 하나님께서는 처음부터 사람은 밤이 되면 좀 쉬라고 하신 것입니다. 이때의 상황은 사람이 타락하지 않은 상황이라서 하루가 지난 후에 그렇게 피곤하지 않을 때입니다. 그런데도 하나님께서는 사람에게 쉬는 것이 필요하다고 생각하셨습니다. 그래서 어둠과 빛이 반복되도록 하신 것입니다. 이렇게 첫 번째 날에 빛과 어둠을 나누셨습니다.

앞에서 처음 창조되었을 때 온 세상이 시원적인 물 안에 있다고 했습니다. 온 세상의 근원이 될 것들이 수면 안에 있었고, 수면 위에 하나님의 영이 운행하신다고 했지요? 그리고 그 물을 시원적인 물이라고 했습니다. 그 시원적인 물을 하나님은 둘로 나누셨습니다(창 1:6-7). 그러기 위해서 큰 창공(蒼空)을 만드셨습니다. 창공 또는 '궁창(穹蒼)'이라고 하는데 이는 성경에 나오는 오래된 단어입니다. 공허하게 만든 이곳을 하늘이라고 하셨습니다. 그래서 "하늘 위에 물"이 있게 되었습니다. "하늘 위의 물" - 이것이 무엇인지 이해가 가지 않을 수 있습니다. 비가 올 때 생각해 보면 하늘 위의 수증기가 더 이상 머물 수가 없어서 비가 되어 내려옵니다. 이것이 일종의 "하늘 위에 있는 물"입니다. 이렇게 "하늘 위의 물"과 "하늘 아래 물"로 시원적인 물을 둘로 나누셨습니다. 이것을 수직 분리(vertical separation)라고 합니다. 하나님은 온 세상을 만들어 두고 그것을 수직으로 나누셨습니다.

세 번째 날은 "천하의 물"은 한 곳에 모이라고 하셨습니다(창 1:9). "하늘 위에 물"이 있다고 했습니다. 그것의 일부가 나중에 노아의 홍수 때에 이 땅으로 떨어집니다(창 7:11-12 참조). 지금도 하늘 위의 물이 이 세상에 내려옵니다. 하늘 위의 물은 우선 그냥 두고, 하늘 아래에 있는 물들은 한 곳에 모이라고 했습니다. 그러자 땅이 드러났습니다. 이를 수평 분리(horizontal separation)라고 합니다. 그래서 모여진 물들을 '바다'라고 칭하셨습니다(창 1:10). 유대인들은 물이 많으면 무조건 '바다'라고 합니다. 유대인들의 말버릇입니다. 우리는 짠물만 바다라고 하고, 민물은 바다라고 하지 않습니다. 그러나 유대인들은 물이 많으면 무조건 바다라고 말합니다. '갈릴리 호수'인데 호수도 바다라고 하는 것이 유대인의 말버릇입니다. 다음으로, 드러난 땅에 식물이 나게 하셨습니다(창 1:11). 첫 번째 날에는 빛과 어둠을 분리하시고, 두 번째 날에는 물을 위, 아래로 나누신 수직 분리, 세 번째 날에는 수평 분리가 이루어졌습니다.

네 번째 날에는 첫 번째 날의 '빛'과 관련된 일이 나타납니다. 낮을 주관하는 빛인 태양을 만드십니다. 이 세상에서는 흔히 태양이 먼저 있고 그다음 지구가 있다고 생각합니다. 그런데 성경이 우리에게 말해 주는 것에 의하면 태양을 창조의 네 번째 날에 만드셨습니다. 달도, 별도 이날 만들어집니다(창 1:14-15). 놀라운 것입니다. 성경을 정말 믿는다면, 하나님이 이 세상을 만드신 것은 이러한 것입니다. 예를 들어, 20억 광년 떨어진 별이 있다고 생각해 봅시다. 그 별빛은 20억 광년 전에 비추기 시작한 것입니다. 그러니까 만일에 하나님께서 별을 만들어 그냥 내버려 두었다면 아담이 하늘을 봤을 때 별빛을 볼 수 없었을 것입니다. 그 별빛은 20억 년 후에 있는 사람이나 볼 수 있었을 것입니다. 그런데 하나님께서는 아담의 눈에도 수없이 많은 별이 보이게 만드신 것입니다. 놀라운 것입니다. 하나님께서 아주 오래전에 그 별빛이 도달할 수 있게 만드신 것입니다. 네 번째 날에 하신 일은 정말 놀라운 것입니다. 사람이라면 그런 일을 할 수 없습니다. 사람들은 어떤 별이 20억 광년 떨어진 곳에 있다고 하면 그 별빛은 20억 광년 전에 오기 시작했다는 말입니다. 그러면 지금 우리 눈에 보이는 별빛의 그 별은 진짜로 있는지 없는지 알 길이 없습니다. 그런데 하나님께서는 네 번째 날에 태양, 달, 별을 다 만드셨습니다. 그리고 빛과 관련된 태양으로 낮을 주관하게 하시고

달로 하여금 밤을 주관하게 하셨습니다(창 1:16). 그리고 이 태양과 달로 사시(四時), 즉 사계절이 있게 하십니다(창 1:14). 사람들은 달과 태양을 가지고 날짜를 계산하기 시작합니다. 달을 중심으로 음력이라고 하고, 태양을 중심으로 양력이라고 하며 사용합니다. 태양과 별이 사시와 일자를 주관하고 있다는 것을 생각해야 합니다.

다섯 번째 날에는 물속에 생물(生物, "네페쉬 하야")들이 있게 하셨습니다. 이것은 놀라운 것입니다. 다음으로 하늘에 생물("네페쉬 하야")들인 새들이 날아다니게 하십니다. 그리고 여섯 번째 날에는 땅에서 식물을 먹고 사는 동물들을 만드셨습니다. 그리고 여섯 번째 날 맨 마지막에 사람을 만드셨는데 사람들을 만드실 때 아주 독특한 일을 하셨습니다.

인간 창조의 독특성

창세기 1장 26절을 보겠습니다.

> **하나님이 이르시되**
> **"우리의 형상을 따라 우리의 모양대로 우리가 사람을 만들고 그들로 바다의 물고기와 하늘의 새와 가축과 온 땅과 땅에 기는 모든 것을 다스리게 하자" 하시고 (창세기 1:26).**

"하나님이 이르시되" – 하나님만 계시니까 하나님께서 혼

잣말하시는 것입니다. 그래서 이것을 하나님의 자기 의논(self-deliberation)이라고 합니다. 여기서 사람을 하나님의 형상대로 만든다고 하십니다. 바다의 물고기와 하늘의 새와 가축과 온 땅과 땅에 기어다니는 모든 것을 다스리게 하려는 목적으로 그렇게 한다는 것입니다. 이 세상에 있는 모든 것을 잘 다스릴 수 있도록 하기 위해 사람을 만든 것입니다. 여기에 사람의 위대함이 있습니다. 이 세상 맨 마지막에 사람을 만드셨고, 이 세상을 잘 다스리도록 하셨습니다.

그런데 여기에 한 가지 중요한 점이 있습니다. 인간의 마음대로 세상을 다스리는 것이 아니라 하나님의 뜻대로 다스려야 한다는 것입니다. 이것이 사람의 궁극적인 목표입니다. 타락하게 되면 동물들과 이 세상을 자기 마음대로 하려고 하고 파괴합니다. 그러나 제대로 된 사람은 하나님의 뜻대로 다스리는 사람이며, 이것이 사람이 이 세상에 존재하는 목적입니다. 골로새서에 이 모든 이야기를 요약해서 하고 있는 재미있는 표현이 하나 있습니다. 골로새서 1장 16절의 말씀입니다.

> **만물이 그에게서 창조되되 하늘과 땅에서 보이는 것들과 보이지 않는 것들과 혹은 왕권들이나 주권들이나 통치자들이나 권세들이나 만물이 다 그로 말미암고 그를 위하여 창조되었고**(골로새서 1:16).

보이지 않는 것에는 원자, 분자 등도 포함될 것입니다. 그러나 이때 보이지는 않는 것이란 아마 천사와 같은 것들을 이야기하는 것 같습니다. 그리고 보이는 것도 창조하셨다고 했습니다. 조금 전에 살펴보았던 창세기에서 배운 것입니다. 그리고 요한복음에서 배운 것입니다. 그런데 골로새서 1장 16절에서 새롭게 배우는 것은 하나님께서 만든 만물에 우리들도 들어 있는데, 우리가 무엇을 위해 창조되었지에 대한 것입니다. 우리도 그리스도를 위해 창조되었다고 했습니다. 그러니 제대로 사는 사람은 그리스도를 위해 사는 사람입니다. 타락한 사람은 그리스도를 위해서 살지 않습니다. 하나님을 위해서 살지 않습니다. 온 세상을 창조하고 사람들이 지배할 수 있도록 만들어 주셨는데 사람들이 그것을 다 망가뜨리고 있는 상황이 타락입니다.

이 타락한 상황 가운데 예수 그리스도의 십자가와 부활 사건을 통해서 온 세상을 제대로 다스리게 만들어 주셨습니다. 우리는 해야 할 일이 있는 사람들입니다. 예수를 믿고 나면 이제 아무것도 하지 않는 것이 아니라, 제대로 할 수 있는 사람이 되어야 합니다. 온 세상을 하나님의 뜻대로 잘 다스릴 수 있는 사람이 되어야 합니다. 이것을 몇 가지 분야에 적용해 보겠습니다.

먼저 우리 시대의 가장 큰 문제는 바로 환경 문제입니다. 겨울에 아주 춥고 여름에 너무 더운 것도 바로 환경 파괴의 결과입니다. 그런데 이러한 환경 파괴는 인간 때문입니다. 우리가 잘못해서 하나님의 뜻대로 이 세상에 관여하지 않고 우리를 위해서 우리 마음대로 이 자연을 파괴한 결과입니다. 그렇다면 이 환경계를 잘 살피면서 환경이 잘 지켜질 수 있게 살아가야 할 사람들은 과연 누구입니까? 바로 예수님을 믿는 사람들입니다.

그런데 예수님을 믿는 사람들 중의 일부는 이 성경을 잘못 해석해서 어차피 불타 버릴 세상이라고 여깁니다. 이것은 성경을 너무 문자적으로 해석한 것입니다. '불타리라'라고 했으니 예수님께서 오시기 전에 다 불타 버릴 테니까 이 세상은 좀 잘못되어도 괜찮다고 여기는 것입니다. 그러나 그것은 잘못된 생각입니다. 우리는 이 세상이 우리 아버지의 작품이라고 생각해야 합니다. 우리는 하나님의 자녀들입니다. 그러니까 이 세상을 잘 돌봐야 하는 사람도 바로 우리입니다. 예수님을 믿는 우리들의 책임입니다. 분리수거를 제일 열심히 해야 하는 사람이 누구입니까? 예수님을 믿는 우리입니다. 우리 아버지께서 이 세상을 창조하신 분인 것을 안다면 바로 믿는 우리들이 이 세상을 가장 잘 돌봐야 합니다.

우리의 첫 번째 목표는 다른 사람들에게 예수 그리스도를 소개해서 그 사람에게 영원한 생명이 있게 하는 것입니다. 그것을 잊어서는 안 됩니다. 그러나 우리는 동시에 이 세상의 환경 문제에 대해서도 신경 써야 합니다. 내가 어떻게 하면 최소한 이 세상을 덜 오염시킬 것인가 하는 것에 신경 써야 합니다. 물론 우리가 모든 문제를 다 해결할 수는 없습니다. 우리 가운데 몇몇 전문가들이 그 일을 할 것입니다. 우리는 그 일을 적극적으로 도우면서 우리가 할 수 있는 대로 환경을 지킬 수 있도록 해야 합니다.

　　재미있는 일화가 있습니다. 아주 오래전 일본에 예수님을 열심히 믿는 목사님이 있었습니다. 한번은 미국 선교사가 그분에게 미국을 구경시켜 주었습니다. 물이 떨어지는 모습이 정말 장관인 나이아가라 폭포를 보여 주면서 미국이 대단하다는 반응을 기대하였습니다. 그런데 이 일본인 목사님에게 별로 그러한 기색이 없었습니다. 미국이 굉장하다가 아니라, 그 목사님은 "이 폭포가 우리 아버지의 작품!"이라고 말한 것입니다. 우리도 그 마음을 가져야 합니다. 이 세상 전체가 우리 아버지의 작품입니다. 그렇다면 우리는 이 세상의 환경을 보존하는 일에도 신경 써야 합니다. 물론 이것이 우리의 1차적 목표는 아닙니다. 우리의 1차 목표는 내가 예수님을 제대로 믿고 구속받은 사람답게 살아서 다른 사람도 하나님의 은혜의 통치 안으로 들어올 수 있도록 하는 것입니다. 이것이 일차적 목표입니다. 그러나 우리는 환경 문제에 대해서도 신경을 써야 합니다.

　　우리는 하나님이 창조하신 모든 창조물이 선하다는 것을 받아들여야 합니다. 이것을 잘못 생각하여 교회가 이상하게 된 적이 있습니다. 중세 때, 하나님이 만든 창조물을 그대로 받아들이지 않고 이상한 생각과 삶의 방식을 만들어 내기도 했습니다. 디모데전서에 바울이 이야기합니다. "후일에 어떤 사람들이 믿음에서 떠나서 미혹케 하는 영과 귀신들의 가르침을 따를 것이다."(딤전 4:1). 그러니 이것이 잘못된 사람들의 주장입니다. "어떠한 음식물을 먹지 말고 혼인을 하지 말라"고 주장합니다. 이 세상에 있는 모든 예수를 믿는 사람이 혼인하지 말라고 주장하는 것이 아닙니다. 그렇게 되면 예수 믿는 사람은 다 없어지고 안 믿는 사람만 많아질 것입니다. 그냥 결혼하지 말라, 음식을 절대로 먹지 말라가 아닐 것입니다. 중세의 가르침은 예수님을 조금 사랑하는 사람들은 그냥 결혼해서 가정을 이루며 살고, 주님을 정말 사랑하는 사람은 수사가 되고 수녀가 되고 결혼하지 말아야 한다고 가르친 것입니다. 바울이 그렇게 되리라고 말한 것이 이루어진 것입니다. 이렇게 생각하는 예수 믿는 사람들이 있었습니다. 하지만 그것은 옳은 것이 아닙니다. 하나님이 지으신 혼인 제도가 있습니다. 식사하며 사는 것 – 이것도 하나님이 지으신 것입니다. 이 모든 것이 다 말씀과 기도로 거룩해지는 것입니다(딤전 4:5). 우리의 혼인과 우리의 식사, 이것이 다 하나님께서 창조하신 창조 질서의 한 부분입니다. 그러니 감사함으로 받으면 버릴 것이 없습니다(딤전 4:4).

하나님의 창조를 믿는 우리의 사명

우리 하나님께서 이 세상을 창조하셨습니다. 하나님이 창조한 창조물은 선한 것입니다. 우리는 그것을 의미 있게 생각해야 합니다. 우리의 삶 전체가 그래야 합니다. 이 세상에 정말 하나님이 원하시는 아름다운 질서가 나타나도록 해야 합니다. 이 땅의 문화가 예수님을 높이고 하나님을 영광스럽게 하는 문화로 나타나는 것이 우리의 목표입니다. 하나님께서 인간을 하나님의 형상으로 만드신 궁극적 목표가 여기에 있습니다. 우리는 왜 존재합니까? 하나님께서 원하시는 문화를 이 땅에 이루기 위해서 있습니다. 물론 우리가 애를 써도 그 문화가 온전히 이루어지지 않습니다. 그러나 우리는 끝까지 노력해야 합니다.

우리 주 예수 그리스도께서 오시면 그때야말로 우리 자신도 모든 죄악에서 벗어나서 정말 온전하게 하나님만을 높이는 문화적인 활동을 하게 될 것입니다. 지금 우리가 하는 그 일이 나중에 예수님께서 다시 오신 다음에 하는 일과 연결되는 것입니다. 그 일을 위해서 우리는 이 세상에서 하나님의 뜻대로 다스리는 역할을 하기 시작합니다.

'주님, 이 이 일을 어떻게 하는 것일까요?', '주님의 뜻대로 하려면 어떻게 해야 하나요?' 이렇게 고민하면서 사는 것이 그 일을 시작한 것입니다. 물론 애쓰고 노력해도 온전해지지는 않습니다. 실수도 하고 잘못도 할 것입니다. 그러면 잘못한 것을 주께 내어놓는 것입니다. 월요일부터 토요일까지 의미 있게 살고 그 삶을 가지고 주일에 교회 공동체가 다 같이 모입니다. 이 공동체의 모임에서 우리가 행한 것을 주 앞에 올려드리는 것입니다. 이것이 우리가 하는 헌상입니다. 이 헌상은 한 주간 동안에 우리가 산 삶을 다른 성도들과 함께 올려 드리는 것입니다. '주님, 이것을 받아 주시옵소서.' 그런데 우리의 삶 그 자체로는 주님이 받을 만하지 못합니다. 하지만 우리 주 예수 그리스도께서는 온전한 의로 이것을 다 감싸서 받으십니다. 주께서 우리의 삶을 예수 그리스도의 온전한 의로 싸주십니다. 그래서 우리는 더 감사한 마음으로 월요일부터 토요일까지 주님께서 원하시는 일을 이루기 위해서 이 세상에서 더 열심히 살아야 합니다. 믿는 우리가 창조의 의미를 제대로 아는 사람으로 사는 이 일을 더 온전히 이룰 때 예수님께서 다시 오실 것입니다. 그날을 바라보아야 합니다. 그러면서 주께서 원하시는 일을 지금 여기에서부터 시작해야 합니다.

우리가 하나님의 형상으로 지어진 것은 무엇을 하기 위함입니까? 온 세상을 제대로 다스리기 위해서입니다. 하지만 지금은 그렇게 하지 못한 현상들이 많습니다. 이러한 어려움을 주님께 다 내어놓고, '주님 어떻게 해야 이 상황이 주님의 뜻에 조금이라도 가까워지겠습니까?'라고 해야 합니다. 우리는 예수님을 믿는 사람으로서 이 일을 해나가야 합니다. 우리의 가정은 정말 주님의 뜻을 이룩하는 가족으로 나타나야 합니다. 구속받은 사람으로서 창조의 의미가 우리의 삶 가운데 구현되는 사람으로 살아야 합니다. 그래서 안 믿는 사람들, 전혀 창조의 의미를 의식하지 못한 사람들의 삶을 안타까워야 하며 너희는 못 하지만 우리는 한다는 마음으로 살아야 합니다. 이러한 마음만 가지는 것이 아니라 안 믿는 사람들에게 우리 함께 그런 방향으로 나아가자고 하면서 그들이 정신 차릴 수 있도록 해야 합니다. 예수를 믿는 사람들 중에도 정신이 없는 경우가 있습니다. 모두 정신을 차리게 해야 합니다. 우리는 어떤 사람인가, 우리는 어떤 것을 위해 이 세상을 사는가, 어떤 것을 위해 죽는가를 생각하는 것이 필요합니다. 내가 예수님을 믿는데 왜 사는지 모르겠다고 하면 안 됩니다. 우리는 하나님의 뜻을 이 땅 가운데 구현하기 위해서 사는 것입니다. 하나님께서 이 세상을 이렇게 아름답게 창조하신 그 의미가 있는데 인간들이 이것을 다 망가뜨리고 다 망쳐버린 것에 대한 안타까움을 가지고 이 세상을 회복하는 그 일을 시작하는 놀라운 삶을 사셔야 합니다. 우리가 하는 이 일을 후게는 우리의 자녀가 하고, 손자들이 해야 합니다. 자신이 나이가 많아서 이러한 일을 할 수 없다고 한다면, 최소한 자손들이 그 일을 할 수 있도록 기도하는 일은 할 수 있습니다. 우리는 창조의 의미를 우리가 이 세상을 사는 동안 잘 구현해 나갈 뿐만 아니라 우리 자손들이 이 위대한 일을 계속해 나갈 수 있도록, 창조를 참으로 믿는 사람으로서 이 세상에서 우리가 마땅히 해야 할 일을 할 수 있도록 함께 노력해야 합니다.

저자 소개

지은이는 개혁신학을 전문적으로 연구하는 이로서 현재 합동신학대학원대학교 남송 석좌교수로 있다. 총신대학교 기독교 교육과를 졸업(B. A.)하고, 서울대학교 대학원에서 윤리학과 가치 교육에 관한 논문으로 석사 학위를 취득하고, 합동신학원을 졸업하였으며, 영국 The University of St. Andrews 신학부에서 연구(research)에 의한 신학 석사(M. Phil., 1985) 학위와 신학 박사(Ph. D., 1990)를 취득하였고, 미국 Yale University Divinity School에서 연구원(Research Fellow)으로 있다가(1990-1992) 귀국하여, 웨스트민스터신학원(1992-1999)과 국제신학대학원대학교(1999-2009)에서 조직신학 교수, 부총장 등을 역임였으며, 합동신학대학원대학교에서 조직신학 교수로 15년 사역하고 2023년 말에 은퇴하고, 지금은 합동신학대학원대학교의 남송 석좌교수로 있다.

그 동안 한국장로교신학회, 한국개혁신학회, 한국복음주의신학회 회장을 역임하였고, 현재는 한국성경신학회 회장으로 섬기고 있다.

그 동안 다음 같은 책을 내었다.

『현대 영국 신학자들과의 대담』(대담 및 편집). 서울: 엠마오, 1992.
『개혁신학에의 한 탐구』. 서울: 웨스트민스터 출판부, 1995, 재판, 2004.
『교회론 강설: 교회란 무엇인가?』. 서울: 여수룬, 1996, 2판, 2002. 개정. 서울: 나눔과 섬김, 2010. 4쇄, 2016. 재개정판. 서울: 말씀과 언약, 2020.
『하이델베르크 요리문답 강해 1: 진정한 기독교적 위로』. 서울: 여수룬, 1998, 2002. 개정판. 서울: 나눔과 섬김, 2011. 2쇄, 2013. 3쇄, 2015. 서울: 이레서원, 2001, 2003, 2009, 2013, 2015. 재개정판. 말씀과 언약, 2022.
『하이델베르크 요리문답 강해 2: 성령의 위로와 교회』. 서울: 이레서원, 2001, 2003, 2009, 2013, 2015, 2020.
『인간 복제: 그 위험한 도전』. 서울: 예영, 2003, 개정판, 2006.
『기독교 세계관이란 무엇인가』. 서울: SFC, 2003, 개정판 5쇄, 2009. 재개정, 2014, 2016.
『기독교 세계관으로 바라보는 21세기 한국 사회와 교회』. 서울: SFC, 2005; 2쇄, 2008; 5쇄, 2016. 개정판. 서울: CCP, 2018.
『사도신경』. 서울: SFC, 2005, 개정판, 2009. 재개정판, 2013, 2015.

Kierkegaard on Becoming and Being a Christian. Zoetermeer: Meinema, 2006.

『21세기 개혁신학의 동향』. 서울: SFC, 2005, 2쇄, 2008. 개정판. 서울: CCP, 2018.

『한국 교회가 나아갈 길』. 서울: SFC, 2007, 2011. 개정판. 서울: CCP, 2018. 재개정판. 서울: 말씀과 언약, 2025.

『코넬리우스 반틸』. 서울: 도서출판 살림, 2007, 2012.

『전환기의 개혁신학』. 서울: 이레서원, 2008, 2쇄, 3쇄, 2016. 개정판. 서울: 말씀과 언약, 2024.

『광장의 신학』. 수원: 합신대학원출판부, 2010, 2쇄.

『우리 사회 속의 기독교』. 서울: 도서출판 나눔과 섬김, 2010, 2쇄.

『개혁신학 탐구』. 서울: 하나, 1999, 2001. 개정. 수원: 합신대학원 출판부, 2012.

『톰 라이트에 대한 개혁신학적 반응』. 수원: 합신대학원 출판부, 2013. 2쇄.

『거짓과 분별』. 서울: 예책, 2014.

『우리 이웃의 신학들』. 서울: 도서출판 나눔과 섬김, 2014. 2쇄, 2015. 개정판. 말씀과 언약, 2024.

『위로 받은 성도의 삶』. 서울: 나눔과 섬김, 2015. 개정판, 서울: 말씀과 언약, 2020.

『묵상과 기도, 생각과 실천』. 서울: 도서출판 나눔과 섬김, 2016. e-Book으로 출간. 말씀과 언약, 2022. (교보문고)

『성경신학과 조직신학』. 서울: SFC, 2018.

『하나님께 아룁니다』. 서울: 말씀과 언약, 2020.

『교회, 그 그리운 이름』. 서울: 말씀과 언약, 2021.

『데이비드 웰스와 함께하는 하루』. 서울: 말씀과 언약, 2021.

『성경적 종말론과 하나님 나라 백성의 삶』. 서울: 말씀과 언약, 2021.

『1세기 야고보 오늘을 말한다』. 서울: 말씀과 언약, 2022.

『변증목회, 그 가능성과 실제』. 서울: 말씀과 언약, 2023.

『벨직신앙고백서 강해』. 서울: 말씀과 언약, 2023.

『교리사』. 수원: 합동신학대학원출판부, 2023.

『죽음, 그리고 죽음 이후의 삶』. 서울: 말씀과 언약, 2024.

『성경적 신앙의 응답』. 서울: 말씀과 언약, 2024.

『기독교의 기본진리 3강의』. 서울: 말씀과 언약, 2025. 본서.

저자 번역선

Bavinck, Herman. *The Doctrine of God*. 『개혁주의 신론』 서울: 기독교문서선교회, 1988, 2001.

Berkouwer, G. C. *Church*. 나용화와 공역. 『개혁주의 신론』 서울: 기독교문서선교회, 2006.

Bockmuehl, K. *Evangelical Social Ethics*. 『복음주의 사회 윤리』 서울: 엠마오, 1988.

Bloesch Donald. *Ground of Certainty*. 『신학 서론』 서울: 엠마오, 1986.

Clark, James Kelly. *Return to Reason*. 『이성에로의 복귀』 서울: 여수룬, 1998.

Harper, Norman E. *Making Disciples*. 『현대 기독교 교육』 서울: 엠마오, 1984. 개정역. 서울: 토라, 2005.

Holmes, Arthur. *The Contours of a World View*. 『기독교 세계

관』 서울: 엠마오, 1985. 서울: 솔로몬, 2017.

Helm, Paul. *The Providence of God*. 『하나님의 섭리』 서울: IVP, 2004.

Hesselink, I. John. *Calvin's First Catechism: A Commentary*. 조호영과 공역. 『칼빈의 제 1차 신앙교육서: 그 본문과 신학적 해설』. 서울: CLC, 2009.

Hick, John, Clark Pinnock, Alister E. McGrath et al., 『다원주의 논쟁』 서울: CLC, 2001.

Klooster, Fred H. *A Mighty Comfort*. 『하이델베르크 요리문답에 나타난 기독교 신앙』 서울: 엠마오, 1993. 개정역. 『하나님의 강력한 위로』. 서울: 토라, 2004. 개정판. 나눔과 섬김, 2015. 재개정역. 서울: 도서출판 개혁, 2021.

Ladd, G. E. *Last Things*. 『마지막에 될 일들』 서울: 엠마오, 1983. 개정역. 『개혁주의 종말론 강의』 서울: 이레서원, 2000.개정역, 『조지 래드의 종말론 강의』, 2017

Lee, F. Nigel. *The Origin and Destiny of Man*. 『성경에서 본 인간』 서울: 엠마오, 1984. 개정역. 서울: 토라, 2006.

Melanchton, Philip. *Loci Communes, 1555*. 『신학 총론』 서울: 크리스천 다이제스트사, 2000.

Morris, Leon. *Cross in the New Testament*. 『신약의 십자가』 서울: CLC, 1987.

_____. *Cross of Christ*. 조호영과의 공역. 『그리스도의 십자가』 서울: 바이블리더스, 2007.

Noll, Mark and Wells, David, Eds. *Christian Faith and Practice in the Modern World* 『포스트모던 세계의 기독교 신학과 신앙』 서울: 엠마오, 1994.

Packer, J. I. *Freedom, Authority and Scripture*. 『자유, 성경, 권위』 서울: 엠마오, 1983.

Reymond, Robert L. *The Justification of Knowledge*. 『개혁주의 변증학』 서울: CLC, 1989.

Selderhuis, Herman. 『우리는 항상 죽음을 향해 가고 있다』. 수원: 합신대학원 출판부, 2019.

Stibbs, A. M. and Packer, J. I. *The Spirit Within You*. 『그리스도인 안에 계신 성령』 서울: 웨스트민스터 출판부, 1996.

Van Til, Cornelius. *The Reformed Pastor and Modern Thought*. 『현대사상과 개혁신앙』 서울: 엠마오, 1984. 개정역. 서울: SFC, 2009.

_____. *An Introduction of Systematic Theology*. 『개혁주의 신학 서론』 서울: CLC, 1995. 강웅산과의 개정역. 서울: 크리스챤, 2009.

Vos, Geerhardus. *Biblical Theology*. 『성경신학』 서울: CLC, 1985; 개정판, 2000.

_____. *Self-Disclosure of Jesus*. 『예수의 자기 계시』 서울: 엠마오, 1987. 개정역. 서울: 그 나라, 2014.

_____. *Pauline Eschatology*. 오광만 교수와 공역. 『바울의 종말론』 서울: 엠마오, 1989.

Weber, Robert. *Secular Saint*. 『기독교 문화관』 서울: 엠마오, 1985. 개정역. 토라, 2008.

Wells, David. *The Person of Christ*. 『기독론: 그리스도는 누구신가?』 서울: 엠마오, 1994. 개정역. 서울: 토라, 2008. 개정판. 서울: 부흥과 개혁사, 2015.

Yandel, Keith E. *Christianity and Philosophy*. 『기독교와 철학』 서울: 엠마오, 1985. 개정역. 서울: 이컴비즈니스, 2007.